这些帝王不简单

铲史官 著

2

广东旅游出版社

中国·广州

图书在版编目（CIP）数据

这些帝王不简单.2 / 铲史官著. —— 广州：广东旅游出版社，2024.5
ISBN 978-7-5570-3005-6

Ⅰ.①这… Ⅱ.①铲… Ⅲ.①帝王－生平事迹－中国－古代－通俗读物 Ⅳ.① K827=2

中国国家版本馆 CIP 数据核字 (2024) 第 029761 号

这些帝王不简单 2

ZHEXIE DIWANG BU JIANDAN 2

出 版 人：刘志松
责任编辑：梅哲坤
责任技编：冼志良
责任校对：李瑞苑

广东旅游出版社出版发行
地　址：广州市荔湾区沙面北街 71 号首、二层
邮编：510130
电　话：020-87347732（总编室） 020-87348887（销售热线）
投稿邮箱：2026542779@qq.com
印　刷：嘉业印刷（天津）有限公司
（地址：天津市静海经济开发区北区银海道48号）
开本：880 毫米 ×1230 毫米　1/32
字数：50 千字
印张：7.625
版次：2024 年 5 月第 1 版
印次：2024 年 5 月第 1 次印刷
定价：49.80 元

【版权所有 侵权必究】

如发现图书质量问题，可联系调换。质量投诉电话：010-82069336

目录

001 李后主·李煜
文青国主的悲剧人生

025 宋太祖·赵匡胤
事业心"爆棚",杯酒释兵权

049 宋仁宗·赵祯
无为而治,仁者无敌

067 宋徽宗·赵佶
被皇帝身份严重耽误的艺术家

087 宋孝宗·赵昚
孝顺的儿子,失败的父亲

105 明太祖·朱元璋
出过家,要过饭,平民"逆袭"之典范

127 明孝宗·朱祐樘
一生一世一双人，不负天下不负卿

147 明武宗·朱厚照
一生叛逆，威武将军

177 明思宗·朱由检
不当木匠不炼丹，兢兢业业不"翘班"

197 清世祖·顺治
来时糊涂去时迷，空在人间走一回

219 清高宗·乾隆
诗史非妄评，良足娱朝夕

李后主·李煜

文青国主的悲剧人生

亡国之君纪事之李后主：文青国主的悲剧人生

之前说到，汉朝亡国之君汉献帝聪慧仁爱，为东汉苦撑 31 年，最后得以善终。今天，我们要说的这位亡国之君，也是天性纯良，而且比汉献帝更聪慧，在某些方面堪称天才，可惜最后死于非命，他就是南唐后主李煜。

悲剧皇帝·李后主图
丙申年 绘

宋太祖："杯具"释兵权！

宋徽宗：同杯具！

明成祖：杯具还在？

乾隆帝：一杯两杯三四杯，全是杯具。

明宣宗：此乃大杯具也！

话说五代十国时期，南吴天祚三年（937年），小乞丐出身的徐知诰代吴建齐，并把吴帝杨溥处死。两年后，徐知诰恢复李姓，改名为昪，改国号为唐，史称"南唐"。

我想静静。

杨溥

要变天了。

李花结子可怜在，不似杨花没了期。

徐知诰篡了杨溥的位。

徐知诰（李昪）即李煜的爷爷，他死后传位给李璟，也就是李煜的爸爸。李璟是一个文艺青年，"青鸟不传云外信，丁香空结雨中愁"这一名句就是他写的。

李璟有十个儿子，李煜排行第六，按"嫡长子继承制"的规则，本来轮不到他来坐南唐的头把交椅。因为老二、老三、老四、老五死得早，李煜就成了实际上的"老二"，这么一来，他就很有机会了。

命运的小船说翻就翻。

李煜的大哥李弘冀也是这么想的,理由有二:一、七月七日这天出生的李煜,天生重瞳(一只眼中有两个瞳孔),后来又有骈齿(两个门牙合二为一)。在古代,重瞳骈齿可是圣王之相。

重瞳!破!

上图纯属杜撰……其实……

舜帝　项羽

我们也有重瞳!

孔子

周武王

我们也有骈齿！

李煜

七夕出生的我，只想做一个"撩妹"达人。

奇怪……幞头的两脚垂不下来了……

二、李弘冀杀伐果断，搞政治、军事是把好手，连周世宗都惧他三分，只可惜他不是文艺爱好者。而李煜和他老爸李璟很像，两人都是文青。

当时，李璟将政务交由皇太弟李景遂全权处理，李弘冀与叔父李景遂争夺皇储之位，李弘冀入主东宫后，将叔父毒杀。李煜一看大哥这么残忍，本来就无心政治的他，更是躲得远远的。

一棹春风一叶舟，
一纶茧缕一轻钩。
花满渚，酒满瓯，
万顷波中得自由。

李煜泛舟秦淮，坐在船头垂钓。

不要惹我，我急起来连亲叔叔都杀。

李弘冀

李璟觉得自己的大儿子太残忍了，为了上位，连亲叔叔都杀，且遇事不经请示，擅作主张，再加上后周向来反对李璟传位给李弘冀，李璟逐渐对李弘冀不满。

李弘冀担心被老爸废掉，又经常梦到叔叔来索命，不久后就"挂了"。于是，李煜成为太子，在老爸病逝后顺利登基，尊母亲钟氏为圣尊后，立妃周娥皇为皇后（大周后），封诸弟为王。

老大李弘冀

在此一年前，赵匡胤发动陈桥兵变，黄袍加身，代后周建宋。李煜登基后，下令去除唐号，改称"江南国主"，并先后多次上表宋廷，请求直呼其名，以示尊奉宋朝。

干得漂亮！

大宋股东　大宋股东

黄袍

大宋创始人、CEO 赵匡胤

此外，李煜还想花钱买平安，给赵匡胤进贡了金器两千两、银器两万两、纱罗缯彩三万匹。此后每逢节日庆典，南唐都会给北宋献礼。

> 帽子这样戴会不会让赵总开心一点……

透支了，仿佛钱包被掏空……

> 为什么李煜这么"没出息"？

> 一是因为老爸李璟生前喜欢四方征伐，灭了闽国和南楚，不过被后周的柴荣打得求饶，丢了淮南十四州，导致国库空虚，李煜接手的其实是个烂摊子；二是因为李煜天性善良，不忍百姓受刀兵之灾，压根儿就没想过北伐。

为了稳定南唐"高层"，李煜起用在杨吴时代就投奔江南的韩熙载、闽将林仁肇、皇甫晖之子皇甫继勋等人，甚至对在淮南战事中弃扬州化装逃跑的冯延鲁都给予了礼遇。

韩熙载夜宴

将门之后 皇甫继勋
南唐虎将 林仁肇
江左才子 韩熙载

除了武将之外，文臣也需要补充，李煜命吏部侍郎韩熙载主持贡举，录取进士。李煜在位的十五年间，非常重视人才选拔，直至南唐亡国的开宝八年（975年）二月，李煜举办了最后一次科考。

开宝八年二月，科考

你们好好考，考完之后大家一起投降大宋！

考生

呃……

大多数王朝到了中后期，都有一个共同点，那就是土地兼并严重，南唐也是如此。为了挽救危局，在内史舍人潘佑的推荐下，李煜任用户部侍郎李平掌管司农寺，借鉴《周礼》实行变法，恢复井田制，创设民籍和牛籍，劝农耕桑。

不要，你别过来！

土地甲 土地乙

但变法很快以失败告终。一是因为触犯了本土派的利益，遭到激烈反对。南唐党争贯穿始终，臣僚分为两派。南唐的耕地大多集中在本土派大地主手中，变法必然会引起他们的抵制。

先做大蛋糕。

张洎 陈乔

本土派

先分好蛋糕。

潘佑 李平

外来派

二是因为潘佑、李平在思想上和李煜存在矛盾。李煜礼佛，每次散朝以后，就和皇后换上僧服，诵经拜佛。而潘佑崇老庄，李平是道士出身，可见君臣聊不到一块儿去。后来，在徐铉、张洎的运作下，李煜将二人打入牢中，结果潘佑自杀于家中，李平自缢于狱中。

> 皇上赐你们的。

潘佑

李平

> 改革失败，至于逼杀良臣吗？

> 潘佑、李平是外来派，本来就是南渡的侨寓，他们家族都在北方，谁能保证他们在大军压境的时候不出乱子？或许是基于这一点，李煜对他们缺乏根本的信任，再加上本土派的排挤，导致他们不得善终。

徐铉、汤悦合撰《江南录》，言及潘佑之死。北宋王安石读后，撰《读〈江南录〉》为潘佑翻案。王安石说自己很多叔伯做过南唐的官员，他小时候就听说过潘佑因为直言进谏而被害。有学者认为，潘佑变法对王安石的思想产生过影响。

说到李煜礼佛，有一个细节堪称"前无古人，后无来者"。据说李煜曾头戴僧帽、身披袈裟，亲自给和尚削"厕筹"，削好后在脸上擦拭，看看是否光滑……

除了礼佛，李煜还有一大爱好，那就是填词。时人以为，李煜有几首词如实记录了他和小周后互相倾心，其中有一首《菩萨蛮·花明月暗笼轻雾》——

那是因为眼里不仅要有姐姐娥皇，还要有妹妹女英。

李煜

小周后

姐夫，为什么你和舜帝一样，也有重瞳？

哇哦，实力撩妹！

花明月暗笼轻雾，今宵好向郎边去；
划袜步香阶，手提金缕鞋。
画堂南畔见，一向偎人颤。
奴为出来难，教君恣意怜。

　　大周后、小周后均是周宗的女儿。周宗考虑到自己会失势，派小女儿去接替大女儿的位子，于是有了上述的情况。面对压力，李煜除了沉迷儿女私情外，还沉迷饮酒、弈棋、观舞、游苑，越往后越悲观，不知今夕何夕。

到971年，李煜做了十年的南唐后主。赵匡胤灭后蜀、平南汉后，对南唐形成合围之势。李煜感受到威胁，便采用陈乔、张洎之策，缮甲募兵，坚壁清野，打算拖垮长途奔袭的宋军。

> 嘿嘿，你们来打我啊！

南唐军迷之微笑

宋军

> 给臣数万兵马，定收回淮南十四州；如果战败，陛下就说臣反叛，灭臣满门。

南唐虎将·林仁肇

早在赵匡胤灭蜀平楚的时候，南唐虎将林仁肇就曾私下向李煜请兵数万，打算趁北宋兵困马乏之际，一举收回淮南十四州。为了打消李煜的顾虑，林仁肇还想了一个两全之策，打算以身许国。但李煜不仅没有采纳，还把他丢到南昌去了。

林仁肇戎马出身，从士卒一路做到将帅，能与士卒同甘共苦，所以深孚众望。之前，在与后周作战时，林仁肇将对方将领射来的箭全部挡开，由此名扬南北。赵匡胤对林仁肇非常忌惮，便想借李煜之手除掉他。

赵匡胤重金购得林仁肇画像一幅，挂在暗室中。李煜的弟弟出使北宋的时候，赵匡胤故意让他看到，后来传到李煜耳中，李煜不知这是反间计，再加上皇甫继勋进谗，便命人将林仁肇鸩杀。

> 这时候还杀忠臣，朝廷要完！

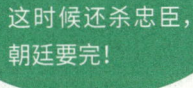

陈乔

> 李煜天性善良，为什么会乱杀虎将？

> 林仁肇原是闽国（福建）人，李煜他老爸灭闽后，林仁肇投靠南唐。这就是李煜不同意他带兵收复淮南十四州的原因，或许李煜担心林仁肇成功后会自立，失败后则会引发北宋报复。

用反间计除掉林仁肇之后，赵匡胤又准备了两年，志在江南。宋开宝七年（974年）九月，赵匡胤以南唐后主李煜抗命为由，令曹彬为主帅，率十万大军攻打南唐，并命吴越军北上策应。曹彬率宋军主力沿长江东进，水陆并进，大败皇甫继勋于秦淮河，一路打到了金陵城下。

秦淮河畔

宋军

其实，我想开门迎王师。

皇甫继勋

好的，皇上！

皇甫继勋

滚蛋吧，皇甫继勋！

愤怒的李煜

李煜突然发现金陵城被包围了，这才知道十万南唐军就这么让皇甫继勋"玩完"了，于是果断灭了他。李煜又召朱令赟率十万大军来解围。然而，朱令赟被曹彬活捉。

围城期间，李煜遣大臣徐铉出使开封，进奉财帛，求宋缓兵，赵匡胤回了一句经典的话：卧榻之侧，岂容他人鼾睡。

宋开宝八年（975年）十二月，金陵失守。守将呙彦、马承信、马承俊等力战而死，右内史侍郎陈乔自缢殉国，李煜率诸臣奉表投降，南唐覆亡。

我也擦泪！

李煜的爷爷徐知诰（李昪）曾封吴帝杨溥为"让皇"，逼迫他领着杨氏家族离开扬州，前往润州。而今，李煜也像杨溥一样，不得不离开故土，被封为"违命侯"。

> 哟，快看，是违命侯。

> 违什么违……

围观的吃瓜群众

李煜身为阶下囚，起初因为赵匡胤的照顾，还能够勉强度日。不久后赵匡胤暴毙，赵光义继位，李煜思念故国，悔恨不已，以至于经常以泪洗面。

三年后的一天，徐铉奉赵光义之命探视故主李煜。李煜哀叹，悔不该错杀潘佑、李平！徐铉退而告之，赵光义闻之大怒。

生命的小桌说翻就翻

是年七夕，正值李煜42岁生日，他召集嫔妃宫娥，演奏新作，追思往事，怀念故国。这首词便是流传千古的《虞美人·春花秋月何时了》——

春花秋月何时了，
往事知多少？
小楼昨夜又东风，
故国不堪回首月明中！
雕栏玉砌应犹在，
只是朱颜改。
问君能有几多愁？
恰似一江春水向东流。

赵光义闻之大怒，于是赐牵机药鸩杀了李煜，南唐后主就此殒命。

再次掀桌

南唐被北宋统一是形势使然，毕竟经过唐末和五代乱战，人心思定。李煜好歹撑了十五年，而且在金陵被围的一年里，没有百姓倒戈，表明他还是得人心的。其实，南唐也还不错，南唐的文化和生活已经有了北宋的雏形。

欢迎来到南唐！

后主天资纯孝，专以爱民为急，境内赖以少安者十有五年。

陆游

与东吴后主孙皓、陈朝后主陈叔宝等亡国之君多遭后世非议不同，李煜留给后人更多的是惋惜和同情。他本是文人才士，却误成君王，注定其人生最终走向悲剧。

清末民初学者王国维在《人间词话》中对李煜的点评深中肯綮。

词人者,不失其赤子之心者也。
故生于深宫之中,长于妇人之手,
是后主为人君所短处,亦即为词人所长处。

王国维

宋太祖·赵匡胤

事业心"爆棚",杯酒释兵权

传说，宋太祖赵匡胤年轻时曾搭救一位落难少女，并仗义护送其回乡。后来，此事演绎成戏曲《千里送京娘》。

哥哥扶我下马，哥哥累不累？我不在乎我自己，我只会……

心疼哥哥！

赵京娘

赵匡胤

若不是你突然闯进我的生活，月底我至少还剩两百五。

故事说的是17岁的赵京娘遇到强盗，被年轻的赵匡胤搭救。赵匡胤不远千里送京娘回家，一路上对她照顾有加。京娘看赵匡胤气宇轩昂，心中情愫暗生，在经过武安门道川时，向赵匡胤表达了爱慕之情。赵匡胤觉得自己救京娘并千里相送是义举，便婉言回绝了京娘的爱慕之情，以兄妹相称。

一路上风尘仆仆，赵匡胤终于把京娘安全送到了家，京娘的家人感恩于赵匡胤的义举，想要把京娘许配给他，而赵匡胤不改初衷，最终还是拒绝了。自赵匡胤离去后，京娘因为受不了哥哥赵文和嫂子的风言风语，为表贞洁自缢身亡，也有传说京娘出家为尼了。这便是在民间广为流传的"千里送京娘"。

宋太祖不解风情吗？

这正是当代"直男"最为女性所诟病的一点。真实的赵匡胤也如"送京娘"中那样"不解风情"吗？

历史上的他，的确少有花边新闻。他曾先后有三任正妻，看似不少，但后两任都是丧偶后"续弦"。他的第二任妻子王皇后去世后，皇后之位还空了五年。

你懂什么！这就叫作——

延迟满足！

赵匡胤

晋、唐皇帝动辄嫔妃上万，宋太祖的宫人却仅有二百。

就这样，他还嫌麻烦。有一年，开封阴雨不断，他竟怀疑是宫里"阴气太重"所致，因而遣散了一批宫女。

留在宫中的妃嫔，在史籍中也难觅踪影。《宋史·后妃传》仅收录了宋太祖的皇后，却没有一位妃子，侧面说明了他对妃嫔的忽视。

然而，仅存的一些记载却很"毁三观"。《韩忠献公遗事》载，宋太祖曾因宠幸一位宫女，耽误上朝，被臣下批评。为避免以后再度沉迷美色、耽误朝政，他居然趁那宫女熟睡时杀了她。

另有文献记载，宋灭后蜀时，宋太祖曾"收编"了才貌双全的后蜀妃花蕊夫人。

但花蕊夫人仍对前夫念念不忘，在宋宫暗中奉祀后蜀后主的遗像。看来，宋太祖虽然灭了后蜀，却在"撩妹"技能上完败给后蜀后主。

> 春去春会来，花谢花会再开，只要你愿意……

赵匡胤　花蕊夫人

《闻见近录》记载，花蕊夫人结局悲惨。一次，宋太祖与弟弟赵光义饮酒射箭取乐，赵光义担忧皇兄贪恋美色，竟借机射杀了花蕊夫人。宋太祖见状却不以为意，继续喝酒。

春去春会来，花谢花会再开……
终于解脱了……
夫君，我来了！

宋太祖有多强的事业心？

极度重事业，是赵匡胤的又一特征。

在"送京娘"的故事里，赵匡胤自比关云长送皇嫂，说这是"大丈夫所为"，还与京娘结拜为兄妹——显然，他渴望成为关二爷那样的英豪。

最终，他不但护送京娘平安回乡，途中还用铁棒打死了当初绑架京娘的两个土匪头子，履行了"护花使者"的责任。

小说中的这根铁棒真实存在。据说北宋末，此棒仍被宋廷供奉，《铁围山丛谈》的作者蔡絛曾亲眼见到过，棒上的手印仍然清晰。

> 我很棒哦。

赵匡胤

招募广告

月薪一千，
包食宿，
升职空间，
上不封顶

周太祖·郭威

排面　排面　排面

当亲兵，有排面。

铁棒主人的事业心同样有迹可循。

《宋史》记载，青年赵匡胤曾尝试驯服一匹烈马，他策马奔腾，一头撞上城门门楣坠地。旁人还以为他会脑袋"开花"，他却一个"鹞子翻身"，再度扑上马背。

凭着这种体格和拼命劲儿，他练就了一身武艺，并当上了周太祖的亲兵。

史书上对赵匡胤的这段亲兵岁月记载不多，但从他曾担任"东西班行首"一职，便能解读出一些信息。这个军职地位不高，但属于御前保镖。显然，他的责任感得到了时任皇帝周太祖的认可。

其间，赵匡胤被尚是储君的周世宗相中，由此开启了禁军将领之路。

你以后就跟我干！

放心，没你了，我还能替你干！

周世宗·柴荣

赵匡胤

在对阵北汉的高平之战中，后周军一度处境不利，有的禁军老将竟擅自撤离。但初经战阵的赵匡胤却冷静而勇猛，助周世宗赢得了此战。

随后，赵匡胤杀到北汉首都太原城下，左臂中箭仍力战不退，以至于周世宗恐他有失，将他强行召回。

对南唐的战争中，赵匡胤已成长为独当一面的后周大将，曾"单挑"南唐悍将皇甫晖。皇甫晖平生二十余战未尝败绩，却被赵匡胤一刀砍中头部，击落马下而被生擒。

被俘后，皇甫晖向周世宗发出感叹。

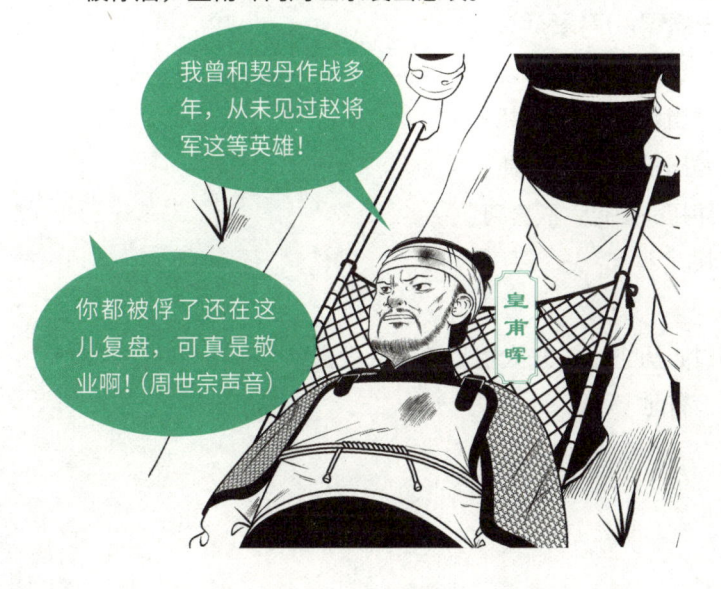

可见，赵匡胤是个武艺高强、责任感强，很能拼事业的男人。

宋太祖的脾气有多直？

"送京娘"中，赵匡胤心直口快到过分。他是在叔父的道观中，发现了被囚禁的京娘。

为此，他不顾亲情辈分，当即诘问叔父。直到京娘做证，指明道观是遭土匪胁迫才收押她，宋太祖方肯罢休。

在京娘家，京娘父母出于感激，也曾主动提亲，宋太祖竟然当场掀酒桌，讲明白救人是出于义气，不图回报，随即扭头便走，耿直到六亲不认。

> 幸亏反应快，否则一辈子就交待了。

赵匡胤

不过，历史上的宋太祖恐怕不会耿直到"有啥说啥"的地步，否则就没有北宋了。

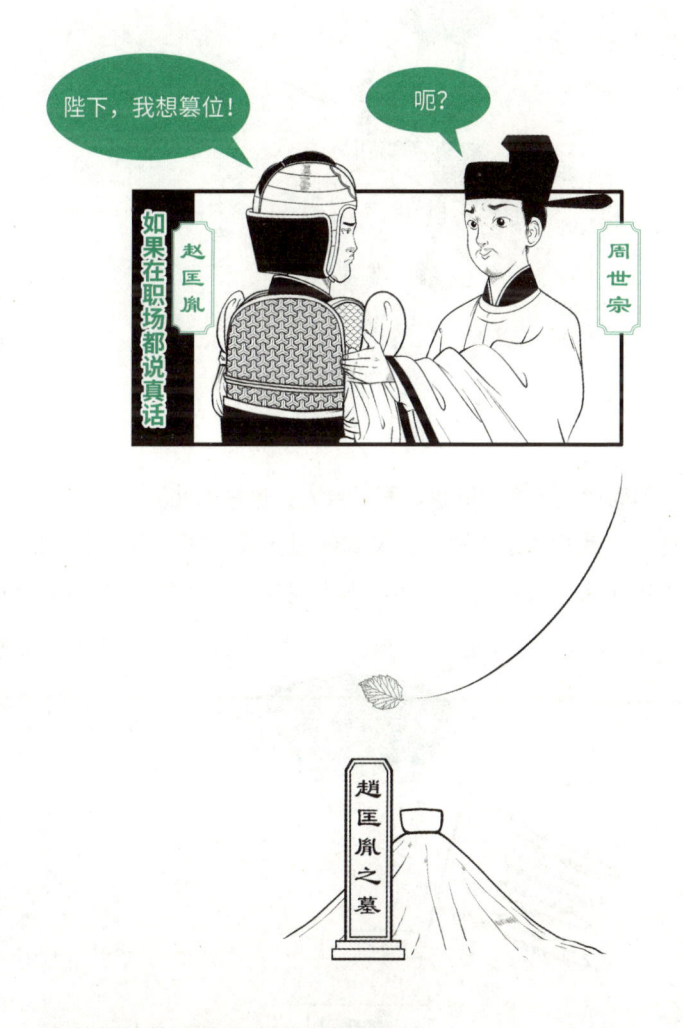

但他的性格中确实有耿直的一面。

赵匡胤"黄袍加身"称帝后,昔日的上级、后周驸马张永德成了臣子,他却还称张永德为"驸马"。

将领李谦溥家与赵家本是故交,登基后,宋太祖照旧常请李的老妈到皇宫"串门",还禁止老太太行礼。

他不仅面对故人表现耿直，面对敌人，也是如此。

登基后，他初次出宫巡游，銮驾经过大溪桥时，竟飞出一支冷箭，正中黄龙旗。禁军大惊失色，宋太祖却从御轿里探身，拍胸脯大笑。

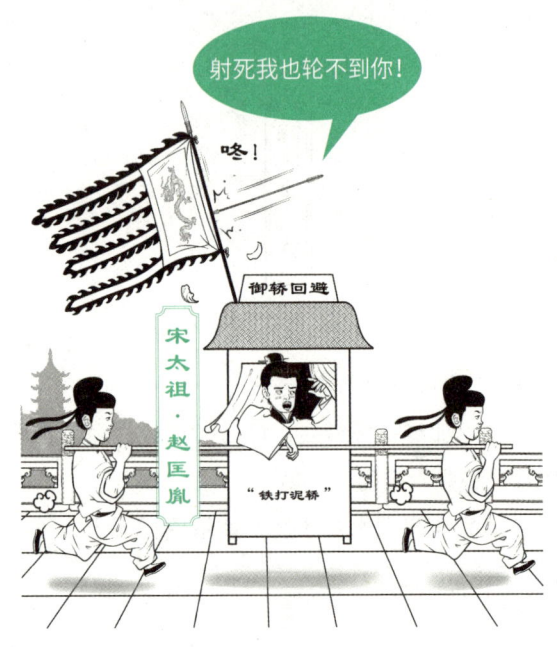

事后，宋太祖竟没有搜捕刺客。

> 好险！差点被刺杀！

赵匡胤

不久，驻守潞州（今山西长治部分及河北涉县）的后周旧臣、昭义军节度使李筠起兵反宋，李筠之子李守节劝阻不成，还被他爹打发到京城探听情报。

宋太祖主动迎接了这位敌手之子，叫他"太子"。李守节一听，吓得跪倒，赵匡胤却又称李筠为"老贼"，继续耿直"输出"。

赵匡胤

> 守节太子，回去告诉你那不守节的老贼爹，我现在当了天子，他就不能稍微让我一点，非得胜天半子？

李守节

> 陛下语言"输出"有点疯狂，我有点慌……

最终，叛乱平定，李筠自焚。宋太祖却给投降的李守节升了官。

宋太祖神经大条吗？

放过刺客、给叛臣之子升职，乍看上去，宋太祖真有点神经大条。

不过，赵匡胤的心思真这么简单吗？那他是怎样登上皇位的？又是怎样在众多英豪横行的五代乱世脱颖而出的？

我们不妨再窥探一下他崛起之路上的一些细节。

五代时，武将篡位是常有的事。周世宗临终前对此也有所提防。为此，他调走了时任殿前都点检的张永德，而接任者正是赵匡胤。

> 谁想打工?

> 高兴啥?都是打工人。

赵匡胤 张永德

如果在职场都说真话

历史证明,对后周而言,这个决策是致命的错误;宋太祖赵匡胤的城府之深,亦由此可见。登基后,他不无得意。

> 周世宗为了防止有人上位,把长着方脸大耳朵、有福相的人都"刹"了。我天天在他眼前站着,他也没能把我如何。

赵匡胤

"大溪桥冷箭"事件就发生在宋太祖登基后不久。

其间，有过多起后周旧臣表示不满的政治事件，甚至有大臣因思念周世宗，酒后公然大哭。

对此，宋太祖以安抚政策为主。不搜捕刺客，很可能也是在给旧臣们台阶下。

和气生财

赵匡胤

都是酒徒武夫，又能干什么？哭去吧！

呜呜呜……

哎呀别哭了，哭得我都想哭了。

这个台阶，你要不要下？

平定"李筠之乱"时，宋太祖算盘打得也很精。他深知李筠自负、暴躁，而且李筠的驻地潞州，地形险要，关乎漕运。

呵呵，你完蛋了！

赵匡胤

为此，他故意放李守节回去带话，正是想激怒李筠，促使他叛乱，并料定这个暴躁的家伙一怒之下会离开潞州，主动出击。

最终，李筠完全落入宋太祖的圈套，他的军队两个月就覆灭了。

而宋太祖最为人称道的莫过于"杯酒释兵权"。

他以禁军统帅上位，离不开麾下将领的支持。一些将领还曾与他结义，难免跋扈些。

赵匡胤

建隆二年（961年）七月，赵匡胤邀一众将领在广政殿饮酒。见气氛不错，宋太祖抱怨自己睡眠不好。将领们纷纷询问原因。

皇位，谁不想坐啊？万一你们也被手下人"黄袍加身"，怎么办？

这话题有点聊不下去啊。

赵匡胤

将领们纷纷跪地，不久便主动上交兵权。就此，功臣的潜在威胁被和平地化解。相比汉、明开国皇帝屠戮功臣，宋太祖"杯酒论心，大将解印"的"直率操作"，被后人传为美谈。

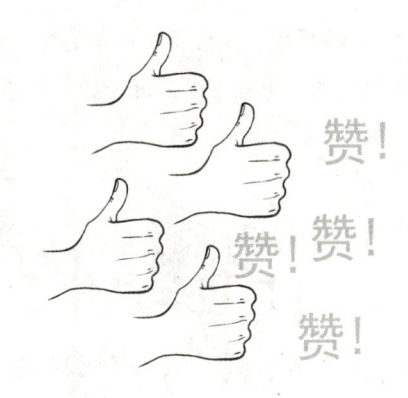

赞！
赞！赞！
赞！

其实，赵匡胤直率的背后，更多的是谋划。从"陈桥兵变"到建隆二年三月，宋廷三次调整禁军人事。

三月，解除两位老朋友的禁军职位后，宋太祖随即在广政殿开酒会以缓解尴尬，算是七月"杯酒释兵权"的先声。

该动手了！

释兵权 项目进度表 赵匡胤
第一步 列方案
第二步 调职位
第三步 喝酒
第四步 喝酒 已完

啊，不会是指跟我动手吧？

李煜

"释兵权"也经历了一个温和、缓慢的过程。一些将领被从禁军外调地方,参与了之后北宋统一中原的战争。

一些将领后来还成了皇室姻亲,如石守信的次子就娶了宋太祖的女儿延庆公主。这也是宋太祖在削弱其兵权后,给予其的一种安全承诺。

注:明朝开国功臣徐达与明太祖结为儿女亲家,但他的后人还是卷入了政治漩涡。

徐达听了都落泪

看来，宋太祖非但情商不低，而且心思缜密，正是这些特质，让他登上了皇位，并为赵宋皇朝终结五代乱世、解决藩镇割据奠定了基础。

有点奇怪啊。赵匡胤明明情商高，对朋友、属下甚至对手都比较温和，为何对女性这么冷漠？

其实，史书中的只言片语透露出，赵匡胤也有铁汉柔情的时候。

其实，也有过。只是……当时已惘然……

翻检史籍，虽无宋太祖风流韵事的记载，他却也有细腻情愫。发妻贺氏早逝，赵匡胤却并未遗忘她，称帝后追封其为孝惠皇后，《宋史》称赞她"温柔恭顺，动以礼法"。

第二任妻子王皇后去世后，宋太祖既悲又怒，迁怒于御医，将其流放海岛。

太平洋的潮水跟着地球来回旋转……看不到我北半球的孤单。

可为何他对待花蕊夫人和那无名宫女，却如此无情？

花蕊夫人和宫女是俘虏，无法与背后有娘家势力撑腰的皇后、妃子相提并论。

"千里送京娘"这个传说,也并非空穴来风。《后山谈丛》记载,宋太祖早年曾在太原任军官。《曲洧旧闻》称,他还未发迹时,就爱喝蒲州酒,称帝后仍念念不忘。

太原、蒲州,正是"送京娘"的起点和终点。

因此,当代一些学者推测,"送京娘"传说,应是以青年宋太祖在山西的某段经历为蓝本。只可惜史籍散佚,已难还原了。

可见，豪杰未必真无情。只是赵匡胤拥有更高远的人生目标——治国平天下，就显得没有那么多儿女情长了。

由此，关于宋太祖赵匡胤，历史上所留下的多是刀光剑影的传奇，少了缠绵悱恻的佳话。

> 终有一日，朕要收复燕云十六州！

宋仁宗·赵祯

无为而治,仁者无敌

古代帝王的庙号简直就是"夸夸群"词库，不仅要好听、不露怯，还不能瞎吹胡夸，必须彰显帝王的个人特点，贴近真实情况。北宋第四位皇帝赵祯，是古代第一个以"仁"为庙号的皇帝。

宋仁宗在位的四十二年间，国家不是没有弊病，然而不足以牵累治世的国体；朝廷不是没有小人，然而远不足以压倒善良忠厚之人的正气。正是上行下效，士风才能够维持在这种状态。

宋仁宗虽然缺乏实现大一统的远大志向，但他的宽厚和气量令他称得上一代仁主。宋仁宗驾崩的消息传出后，"京师罢市巷哭，数日不绝，虽乞丐与小儿，皆焚纸钱哭于大内之前"。

胡同口的大爷哭了，乞丐哭了，小朋友哭了，其他人也跟着哭了……据说连辽国人都哭了。

如今说到"仁"，往往也意味着被发"好人卡"。这种印象是有依据的，孔子就曾言简意赅地将"仁"解释为两个字：爱人。

当然,"爱人"不是指这个。恰恰相反,孔子又说:"克己复礼为仁。"在孔子"仁者爱人"思想的基础上,孟子从人伦思想发展到政治哲学,即要求君主要能从爱人出发,推恩于人,实施仁政。

> 我开始糊涂了。

> 大概就是做到三点:作为普通人,要厚道;同时,要克制自己的私念;作为执政者,要施行仁政。

宋仁宗有不少日常善举。一次宋仁宗散步赏春时口渴,但奉茶的宫人不知去了哪里。他心知如果立刻开口询问,那宫人定会遭到处罚,所以一直忍到回去,才开口要水喝。

> 渴死朕了。

> 陛下太仁慈啦!

还有一次，宋仁宗半夜嘴馋，想吃烧羊肉。但他转念一想，只要这次开了个头，以后宫里肯定夜夜都要准备好烧羊肉，到时不知有多少羊被宰杀，不知有多少宫人要为此忙碌，思来想去，他还是忍住了肚里的馋虫。

算了，吃个杯面。

太仁义了。

师傅给我文个"忍"。

无论身份高低，只要在宋仁宗身边，都能体会到这种春风化雨般的温柔。作为个人，宋仁宗"暖男"的人设稳了。然而，他还有一个难关，那就是克制欲望。

宋仁宗最大的缺点，就是好色。在他还未亲政的时候，就已经看上了"姿容冠世"的王氏。不久又相中了美丽的张氏，可是在刘太后的威压之下，他只能娶郭氏当皇后。

刘太后死后，压抑已久的宋仁宗，终于获得了相对的恋爱自由。他废了郭皇后，顺大臣的意册立曹皇后。却对两任中宫较为冷漠，并先后宠爱尚氏、杨氏、张氏等女子，曾经没有召进宫的王氏，也被封为遂国夫人。

> 垫了扇子，现在桌子不晃了，看谁还找借口。

> 别废话，再打八圈。

尽管如此，宋仁宗依然留有理智。一次，有大臣向宋仁宗进献美女，谏官听说后，担心他为美色所迷，便前去劝阻，宋仁宗听从了谏官的建议，将那几个美女遣送回家，即使心疼得直哭，仍然没有追回。

> 赶紧送走吧，再不送走我就后悔了！

> 陛下，倒也不用这么急。

宋仁宗

连美人都能送走，克制其他的欲望更是容易了。宋仁宗平时生活节俭，寝宫中的饰品和被褥色调质朴，有一次，张贵妃头上戴着不少珍珠，宝光流动，宋仁宗却一点都不欣赏，还吐槽她"满头白纷纷"。

"双十一"给我清空购物车吗？

这是购物车吗？这是民脂民膏！

张贵妃

宋仁宗

游山玩水的乐趣，也与宋仁宗无缘。作为帝王，宋仁宗很少有机会离开宫中，一天夜里，宫外酒楼的丝竹之声传来，欢乐的民间与冷落的宫中形成鲜明对比，而宋仁宗却赋诗。

因我如此冷落，故得渠如此快活。我若为渠，渠便冷落矣。

——《北窗炙輠录》

056

作为施政者，宋仁宗的治理也称得上"仁政"。他十分关心民生疾苦。一次，暴雨成灾，将京城的民宅冲垮，死了数百人。宋仁宗心中忧虑，连饭也吃不下。他很快便颁布政令，抚恤灾民，并减轻天下囚犯的刑罚。

> 官家，别哭了。

> 外面下大雨，我心里也下大雨，不哭出来就淹了！

《宋史·仁宗本纪》中，几乎每隔数行就有一处宋仁宗善待百姓的记录。或是下诏赈济某地灾民，或是下令减少某一地方的赋税，或是向上天请罪。

仁政三连

赈灾　　减税　　罪己诏

但宋仁宗的治理也不是一味"仁慈",在他的一生中,最为后人津津乐道的是两个年号。一个是推行新政的"庆历"。

庆历新政

新政改革!

另一个则是被后人打上"神操作"印记的"嘉祐"。

嘉祐之治

无为而治。

在位前期，宋仁宗其实并不"无为"。他清醒地认识到隐藏在繁盛局面下的重重危机。庆历三年（1043年），亲政十年的宋仁宗召集范仲淹、韩琦、富弼等辅臣至天章阁，范仲淹等人提出"庆历新政"的纲领。

答手诏条陈十事：
明黜陟，抑侥幸，
精贡举，择官长，
均公田，厚农桑，
修武备，减徭役，
覃恩信，重命令。

庆历新政的主张中，除了"修武备"中关于府兵制的改革被驳回，其他主张都得到了宋仁宗的首肯。这些主张令政坛气象一新的同时，也动了别人的"蛋糕"，为新政拉了一波儿仇恨。

下岗、下岗，这个也下岗。

下岗很可怜的，人家会哭的。

反对派的攻击构陷，加上革新派内部的争执，使得庆历新政推行不到两年便宣告结束。尽管如此，庆历新政却令士大夫变得更加敢说敢为。

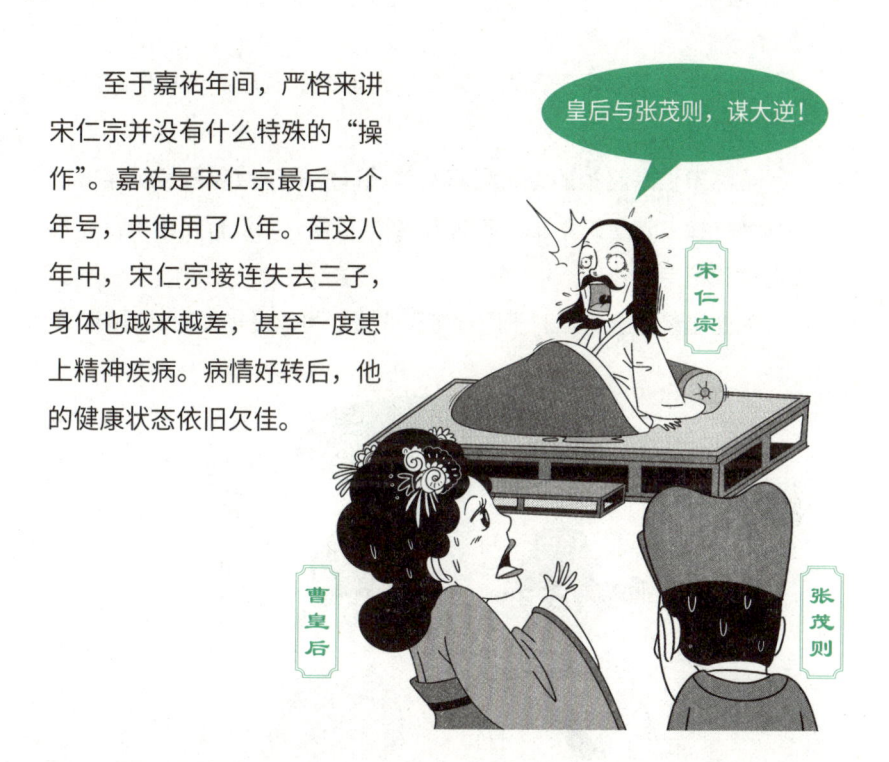

至于嘉祐年间，严格来讲宋仁宗并没有什么特殊的"操作"。嘉祐是宋仁宗最后一个年号，共使用了八年。在这八年中，宋仁宗接连失去三子，身体也越来越差，甚至一度患上精神疾病。病情好转后，他的健康状态依旧欠佳。

> 皇后与张茂则，谋大逆！

宋仁宗

曹皇后

张茂则

这个时期，宋仁宗重新重用韩琦、富弼等能臣，士大夫深度参与治理，政令和制度都走上了正轨。而重病中的宋仁宗也保持理智，是以当时的朝局维持了相对的稳定。

> 我躺平了！

对比众多无情帝王，为何宋仁宗却能如此宽厚？这和他的成长环境不无关系。

虽然宋仁宗赵祯的生母是宫女李氏，但他作为宋真宗仅存于世的独苗，独占先皇的宠爱。在他 13 岁即位前，既没有兄弟争权，也没有遭到苛待。

如此温馨的童年，对于历代帝王来说，可以说是相当难得的。

> 继位嘛，顺其自然就好。

少年·宋仁宗

> 确实，顺其自然就好。

李世民

刘太后虽然独揽大权，但在士大夫的监督之下，她也没有将赵祯当成傀儡，而是继续对他悉心教育。儒家教育和刘太后良好的管束，令赵祯本就善良的性格更加宽容温和。

不过，再宽厚的人也会有自己的欲望。除性格以外，宋仁宗之仁也体现在他谨慎的执政风格上。嘉祐年间，大臣上书请加尊号"大仁至治"。对于这种夸张的恭维，宋仁宗带有天然的防备，大臣五次上书最终都被他驳回。

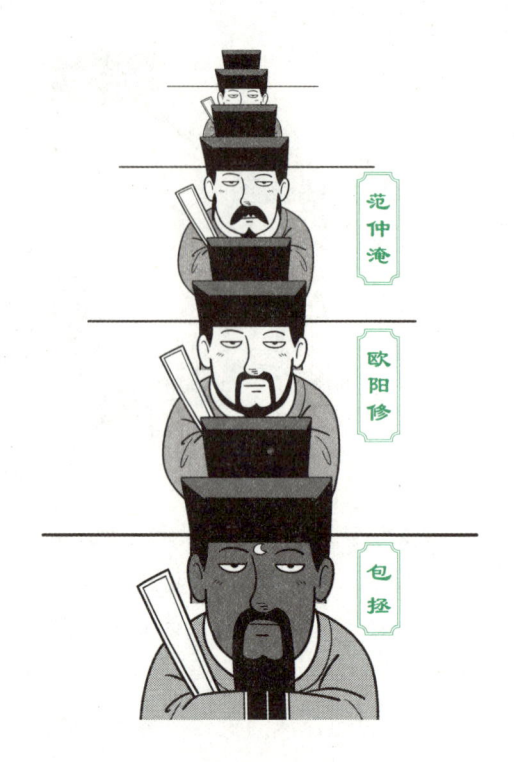

事实上，即使宋仁宗有放纵之心，大臣也不会坐视不管。北宋君主权力被制度限制，士大夫深度参与决策，再加上"刑不上大夫"，文臣一个比一个勇猛，排着队劝谏。这在无形中给宋仁宗带来了巨大的心理压力。

范仲淹

欧阳修

包拯

然而任何事情都是一体两面的，明末清初思想家王夫之曾评价宋仁宗"无一定之衡"，一语道破宋仁宗宽仁温和的反面。

我这叫集思广益！

那你倒是有个准主意啊！

王夫之

庆历新政时，宋仁宗便在新旧两派间摇摆，而综观宋仁宗的执政生涯，他也一直在各种意见中犹豫不决。三司使韩绛一度看不下去，劝告宋仁宗"天子之柄不下移"，司马光也曾借《左传》表达观点。

诚然，宋仁宗治下也有不少问题。当时流民、贫民饥馑问题相当严峻，仁宗执政时的民变和兵变数量更是北宋历代之最；边境屯兵烧钱、官员冗余等问题也一直没得到解决。因此，神宗即位后，不得不任用王安石进行变法。

但相对于古代多数帝王而言,宋仁宗无愧于"仁"这个庙号。君臣上下忠诚厚道的为政原则,可以说对稳固宋王朝三百多年的根基起了不小的作用。

宋徽宗·赵佶

被皇帝身份严重耽误的艺术家

在中国历史上,宋朝是一个非常让人怀念的朝代,著名史学家陈寅恪曾言:"华夏民族之文化,历数千载之演进,造极于赵宋之世。"但宋朝又有很多灾祸是躲不开的,比如令人扼腕的"靖康之耻"。

> 靖康耻,犹未雪,
> 臣子恨,何时灭!

岳飞

历史上,强大的朝代经历了巅峰之后,内忧外患迭起,政权就会被拖入泥潭,最终,或是农民起义,或是游牧民族入侵,给王朝统治致命一击。但北宋却是个奇葩,而两任亡国之君宋徽宗、宋钦宗,更是奇葩中的奇葩!这一章,咱们先来看看父亲宋徽宗。

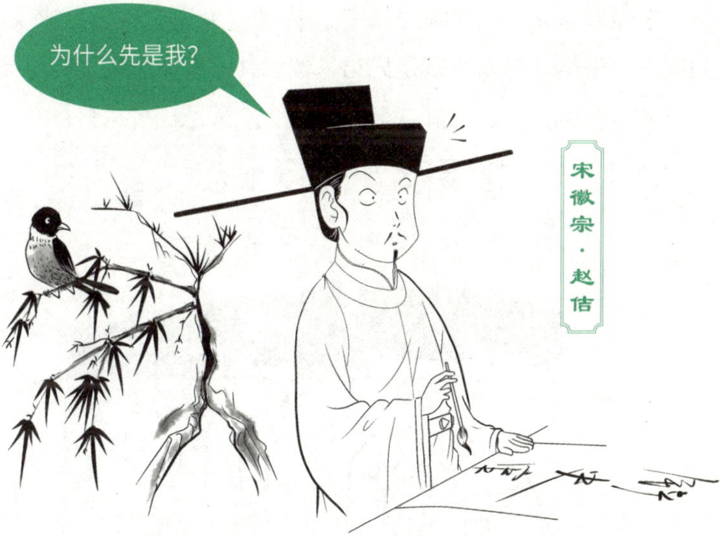
为什么先是我？
宋徽宗·赵佶

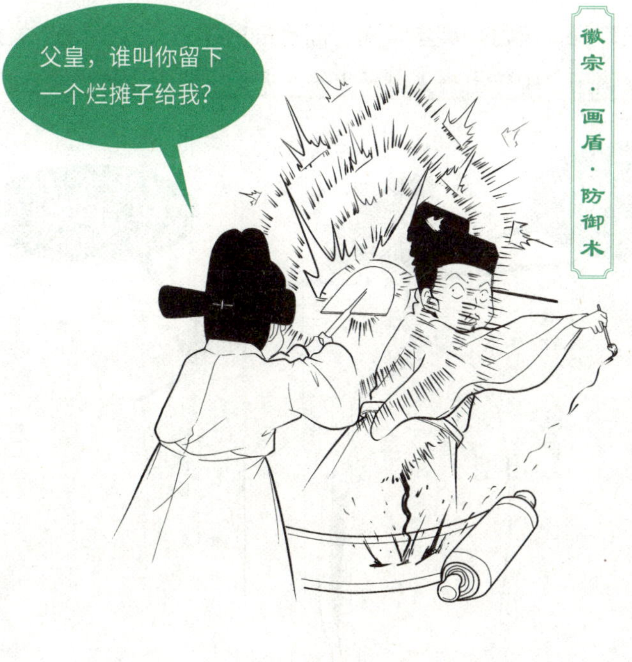
徽宗·画盾·防御术
父皇，谁叫你留下
一个烂摊子给我？

宋徽宗是宋神宗的第十一子，先被封为遂宁王，后来又被封为端王。宋徽宗与宋哲宗是兄弟，按说并没有继承皇位的可能。

长子赵佾 早殇
次子赵仅 早殇
三子赵俊 早殇
四子赵伸 早殇
五子赵僩 早殇
六子赵煦 宋哲宗
七子赵价 早殇
八子赵倜 早殇
九子赵必 早殇
十子赵伟 早殇
十一子赵佶 宋徽宗
十二子赵俣
十三子赵似
十四子赵偲

宋神宗的儿子们

可没想到，宋哲宗英年早逝，而且身后无子。所以朝堂之上议论，要从诸王之中选出一人继承大统。宋徽宗终于又有了机会。

居然就这么轻易地去了……

耶！机会来了！

宋哲宗·赵煦

宋徽宗·赵佶

其实当时，朝臣还有其他的选择——大宁郡王赵似和蔡王赵似，而且宰相章惇明确说道："端王轻佻，不可以君天下。"

可是，神宗皇后（向太后）却偏爱赵佶，与其针锋相对。再加上当时的重臣曾布、蔡卞（蔡京之弟）等人的支持，端王赵佶终于登上皇位，是为宋徽宗，年号"建中靖国"。

此时的宋朝已经陷入了激烈的党争，这也算是宋徽宗的老爹宋神宗遗留下的问题。当年，宋神宗任用王安石，进行变法，结果……

> 你这是巧取豪夺，我反对！

> 富国强兵，就要变法！

司马光

王安石

宋神宗支持王安石变法，可在执行政策时，却有操之过急之嫌。以司马光为首的反变法派（旧党）群起而攻之。终于，在宋神宗驾崩后，新法被废除。但宋朝面临的冗官、冗兵、冗费等问题，旧党又无力解决，就这样，新旧两党之争一直贯穿宋哲宗统治时期，直到宋徽宗时期。

> 真叫人头大啊！

宋哲宗

新旧两党互撕

刚开始，宋徽宗也想调和新旧两党矛盾，年号"建中靖国"便有此意。但时间一长，宋徽宗就没耐心了，干脆放弃了旧党，重用新党。不过新党的首领章惇却不在其中。

天哪，居然没有我……

章惇

而这一次，真正的得利者是蔡京！

哈哈哈，我才是最后的胜利者！

蔡京

> 蔡京是历史上著名的奸相,在宋徽宗身边任高官十余年,屹立不倒,这又是为什么呢?

小爱提问

> 问得好,这得从宋徽宗本人说起……

宋徽宗可以说是中国历史上文化程度最高的皇帝。书法上,他创立"瘦金体",号称"银钩铁画"。

有人认为,瘦金体经过秦桧的改良,成为之后官方印刷的首选字体——宋体字。

> 咱也是书法高手啊!可因为汉奸的名声,我的字体姓宋不姓秦。

秦桧

传言而已,不拿证据出来,别在这儿表功!

绘画上,宋徽宗也堪称高手。他观察力极好,曾得出"孔雀登高,必先举左腿"的结论。

可我是右撇子……

宋徽宗

> 即便传言有误，宋徽宗不是工笔画的创始人，也应该是工笔画的画家中名头最大的一位（价格未必），同时，也因为宋徽宗的身体力行，当时书画家的政治地位非常高。

除了书画，宋徽宗还擅长骑马、射箭、蹴鞠等运动，而且对奇花异石以及青铜器的收藏也有深入的研究，金石学一时振兴。宋徽宗时期编辑的《宣和书谱》《宣和画谱》《宣和博古图》等书，可以说代表了当时的艺术水平。

东京汴梁梅西来也！

可这一切全都仰仗于财力支持。这时候，出身新党，既是书法大家又是敛财高手的蔡京，就从众臣之中脱颖而出，和宋徽宗惺惺相惜。

嘻嘻，低调、低调……

蔡京

新党 书法家 ~~理财~~ 敛财高手

注：宋朝书法，号称四家"苏黄米蔡"，其中"蔡"可能指蔡京，也可能指蔡京的同族蔡襄，即便如此，蔡京也是公认的书法高手。

为了艺术，宋徽宗可以说是不惜成本，蔡京就紧密配合，皇帝需要什么，他就给什么。比如，皇帝需要钱，他可以卖官鬻爵，以致当年的都城汴梁有歌谣传唱此事。

大宋好声音 海选现场

打了桶（童贯），泼了菜（蔡京），便是人间好世界。

077

这样钱还不够，蔡京就将各地湖泊收为公有，百姓入湖捕鱼、采藕、割菖蒲都要收税，而梁山泊八百里水域也在其中。

宋徽宗还想要奇花异石，修建他的宫苑——艮岳，蔡京就出主意，让各地运送奇花异石来。各路贪官趁机大发其财，结果……

就这样，宋朝表面虽然承平日久、经济繁荣，实际上隐忧不断。宋徽宗却醉心于艺术，政治上则由蔡京等人把持，而此时蔡京的势力，可以说是枝繁叶茂、根深蒂固。他的集团，更是被后人称为——六贼！

宋徽宗

太感动了，后人在《水浒传》中，还把我塑造成一个受蒙蔽的圣君形象。对对对！这一切都是蔡京的错！

有人说，北宋灭亡的罪魁祸首是我，我也冤啊！我变法没错，只是错用了蔡京而已！

王安石

> 好吧,挨板砖的最终都是我。

此六贼分别是:蔡京、梁师成、李彦、朱勔、王黼、童贯。

> 我是公相。

> 我是媪相!

蔡京　童贯

除了六贼外，宋徽宗一朝的奸臣，还得算上高俅、杨戬。

> 高俅，好球！ —— 宋徽宗

> 说真的，我可不是靠踢球上位的，想当初我也是苏轼苏学士的书童！ —— 高俅

就在这么一个乌烟瘴气的朝廷，宋徽宗仍然信心"爆棚"。听闻北方金朝崛起，辽朝屡败，宋徽宗就认为，他能借此机会收复燕云十六州，所以马上派人跟金国订立"海上之盟"。

> 让我们一起把辽国拿下！

登州

宋朝使者

金朝使者

> 把丢失的收回来！

宋徽宗

协议规定，双方从南北两线夹攻辽国，胜利之后，北宋收回燕云十六州，然后把给辽朝的岁币转给金朝。

就这样，宋徽宗派遣亲信——也是六贼之一的童贯，带兵出征。

爱卿一定要夺回燕云十六州！

宋徽宗

必须妥妥儿的，那个腐败的辽朝，怎么打得过我们大宋天道王者忠义威武神圣军呢！

出征的童贯

结果牛皮吹破了，虽然腐败的辽朝打不过金朝，但对付同样腐败，而且统帅还瞎指挥的宋朝，还是可以的！

伐辽一战后果远不是没打过辽朝那么简单。金朝也注意到了宋朝的虚弱，所以灭辽之后，金朝马上派遣两路大军，用钳形攻势，东路从燕云十六州走河北，西路从大同攻太原，然后直扑北宋的都城汴梁。

宋　金

金军西路军

金军东路军

宋徽宗听闻此消息，吓得魂不附体，马上宣布退位，带着自己的亲信，一溜烟儿地跑了。留下太子赵桓即位，是为宋钦宗，年号靖康。

慌　莫

我想静静……后面的事就交给你了！

所以后来元朝丞相脱脱带头修《宋史》，修到宋徽宗一段时，掷笔喟叹。

> 宋徽宗诸事皆能，独不能为君耳！

啪！

脱脱

此时的北宋，虽然危如累卵，但并非全无抵抗之力，若能好好整顿，尚不至于即刻灭亡。

宋孝宗·赵昚

孝顺的儿子，失败的父亲

养子登基

南宋绍兴三十二年（1162年）五月二十八日，56岁的宋高宗赵构，在当了36年皇帝之后，以"倦勤""想多休养"为由正式将皇位禅让给太子赵昚，即宋孝宗。

宋孝宗不是赵构的亲生儿子，甚至不是宋太宗赵光义的后裔，而是宋太祖的后裔。

赵构唯一的儿子早夭，而赵构的兄弟姐妹几乎全在靖康之变中被金兵掳去北方了。

无奈之下，赵构只能在家族支系中选一个人继位了。

不过，历史上经常有外系宗室当上皇帝后，追封自己父母为皇帝的事情。若真有这种情况发生，只怕将来赵构连进太庙的资格都会被挤掉。

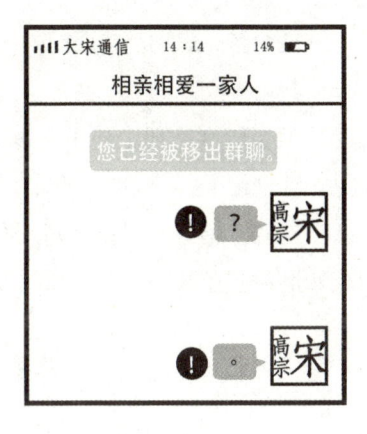

因此不能选势力大、背景强的人。最后，赵构挑出了宋太祖第四子赵德芳（戏文中的八贤王）的两个六世孙——一胖一瘦两个孩子。胖的叫赵伯浩，瘦的叫赵伯琮。

> 上次见到你，还是在上次。

赵伯浩　赵伯琮

两个孩子来到赵构面前，一通面试之后，赵构比较满意较胖的那一个。

但当较胖的那个孩子捧着赏赐的财物正要走时，赵构又心念一动，让他留下。

这时，恰好一只猫从两人身边经过。较瘦的孩子对此视而不见，但较胖的孩子却一脚向小猫踢去，于是较胖的孩子出局了。

温馨提示：请关爱小动物

赵伯琮聪明好学，宅心仁厚，深得高宗和朝廷大臣们的喜爱。

但是赵构一直没有封其为太子。一是因为赵构认为自己还在壮年；二是因为太后听信秦桧的谗言，并不喜欢赵伯琮。

得把储君之位留给未来的亲生儿子啊，我的陛下！

秦桧

后来，赵构又找了一个叫赵伯玖的孩子，作为第二候选人。

有一次，赵构赐给了二人各十名年轻貌美、未经人事的宫女。

赵伯琮的老师史浩看出了奥妙，叮嘱他千万不要把持不住。果然赵构后来撤回宫女，发现赵伯琮的十名宫女"完璧归赵"，而赵伯玖的十名宫女全部不再清白。

就这样，心性坚定的赵伯琮最终胜出。绍兴二十九年（1159年）韦太后去世，阻拦在赵伯琮立储之路上的障碍没有了。

第二年，赵构诏告天下立赵伯琮为太子，赵伯琮改名"赵昚"。赵昚这一等，就是整整30年。

说好三年！三年又三年、三年又三年，已经三十年了。

太子·赵昚

隆兴北伐

登基后第二月，赵昚在朝廷排斥求和派，重新起用主战派的张浚，共商北定中原之策。并开始大张旗鼓地为岳飞平反，当时全国的老百姓都渴望重新调查岳飞的事情，此举无疑是顺应民心，向世人表明要变更北向政策，同时证明自己能拿主意了。

还我河山！光复中原！

主战派·张浚

北伐！

啥？

宋孝宗·赵昚

太上皇·赵构

赵昚为人宽厚，对赵构发自内心地孝顺和尊重，但是对赵构苟且偷安、事实上放弃了恢复中原这一点，在内心深处是不认同的。

所以，他每次向太上皇请安时都要提北伐话题，一说到北伐，气氛就变得不那么愉快了。

赵构的反对阻止不了血气方刚的赵昚。张浚上台后，宋军就紧锣密鼓地开始备战了。

此时的金朝，金世宗刚刚扫清政敌、掌握实权，并不想打仗，想和南宋讲和，但是赵昚置之不理，决心开战。

> 不能商量了吗？——金世宗

> 还我河山。——宋孝宗

隆兴元年（1163年）四月，轰轰烈烈的南宋隆兴北伐开始了，张浚出任统帅，指挥二十万宋军分两路向北攻击。张浚是个志大才疏的角色，赵构"吐槽"过他。

> 张浚用兵，不独朕知之，天下皆知之，如富平之败，淮西之师，其效可见矣。——宋高宗·赵构

可是赵眘无人可用，只好"矮个儿里拔高个儿"选了张浚。

而张浚选的两个前线统帅，一个叫李显忠，一个叫邵宏渊。李显忠是员猛将，但为人恃才傲物；邵宏渊也颇有才干，但妒忌心很重。

在三位"不搭调"将领的指挥下，隆兴北伐刚胜了第一场宿州之战，就遭到金军的猛烈反击。李显忠在前方憋足力气打，邵宏渊却在后方隔岸观火。

宋军难以抵挡金军的猛烈攻势，宋孝宗只好议和。

打（达）成共识

孝顺的儿子

北伐失败转向主和之后，赵昚和赵构之间没什么大分歧了，父子关系因此变得更加和谐。赵昚也时不时地就去请个安以表孝心。

周密《武林旧事》载,淳熙九年(1182年)中秋,赵昚、赵构同乐。那个中秋,赵构清早刚起,赵昚就过来探望了,两人在至乐堂吃过早膳后就在宫里的小西湖钓起鱼来。

> 父皇,我想起来一首诗:山外青山楼外楼,西湖歌舞几时休?

> 专心钓鱼。

> 好。

钓鱼台

太上皇·赵构

宋孝宗·赵昚

到了晚上,赵构挽留赵昚赏完月再回去,在二百多人的教坊乐队演奏中,父子两人一直喝到微醺。

> 父皇,此时此景,我又想起了那首诗:暖风熏得游人醉……

> 唉……

太上皇·赵构

宋孝宗·赵昚

侍宴官适时献上一首《壶中天慢》，赵构特别喜欢最后一句："何劳玉斧，金瓯千古无缺。"（金瓯：家国河山。）

这一句显然勾起了赵构很多回忆。可惜的是，父子两人都不可能来完成光复中原这个愿望了。

> 直把杭州作汴州。真惭愧啊！

宋孝宗·赵昚

太上皇·赵构

失败的父亲

赵昚是个孝顺的儿子，也是个有为的皇帝，却是个非常失败的父亲，因为他选错了继承人。

他选定的继承人是三子赵惇，也就是后来的宋光宗。

> 宋孝宗为什么不选长子？

> 他觉得赵惇的英武才能像自己。

赵昚在立储问题上完全照抄赵构，选人摇摆不定，选出来了又不给名号，甚至都不让儿子参政历练。

宋光宗在淳熙十六年（1189年）接受孝宗禅让登基时，已经四十多岁。

宋光宗·赵惇

委屈巴巴

赵惇登上皇位，不仅没有感激，反而充满恐惧和压抑。

恐惧是因为他越过二哥上位，压抑是因为做太子时就已身心俱疲，而且宋孝宗退而不休，宋光宗跟个傀儡没有区别，这让他内心更加憋屈和怨恨。

你能把我怎么样！

太上皇·赵昚

宋光宗·赵惇

> 我一般不发疯，除非忍不住。

宋光宗·赵惇

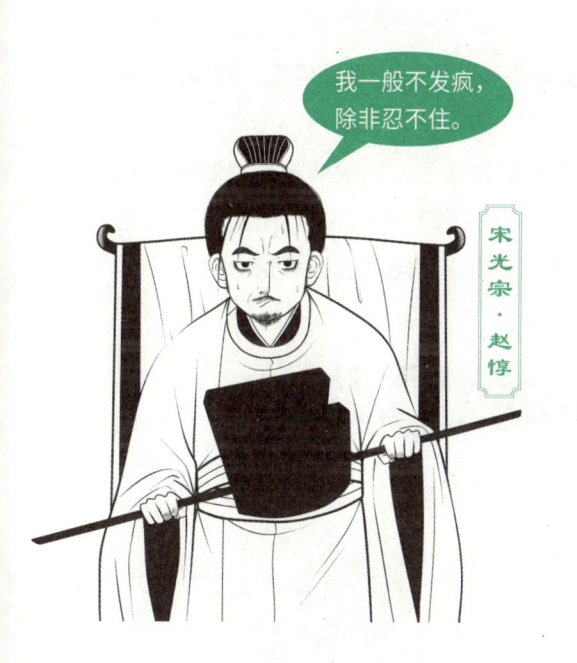

绍熙二年（1191年）冬至，宋光宗到南郊举行祭天礼，迎接他的却是倾盆大雨和火灾，而且，不幸在行礼前一晚听说自己爱妃暴毙。

在这双重打击之下，他对宋孝宗的恨意和怨怼悉数爆发，终于精神失常了。

首先是一月四次的朝拜太上皇，宋光宗都不去，这让大臣国民都十分恐慌。

大臣多次进言，宋光宗勉强同意又经常反悔，宰相劝诫也不听，甚至赌气去六和塔住了140天。

> 匿了匿了……（宋光宗声音）

造成宋孝宗、宋光宗父子失和的另一个重要原因,是宋光宗的皇后李凤娘。

李凤娘求宋光宗立嘉王赵扩为太子,以帮助宋光宗处理政务。宋光宗也觉得有理,但他坚持请示父亲宋孝宗后再行册立。

于是李凤娘愤然而去,又不许宋光宗去拜见宋孝宗。

过了一年多,宋光宗身体略微好转,重新上朝听政,文武百官乘机请求宋光宗朝见太上皇,宋光宗迫不得已去了一次,父子关系算是改善了。

然而皇后李凤娘接连几次从中作梗,致使父子关系时好时坏。

亲密度 ↑

宋孝宗、宋光宗关系示意图

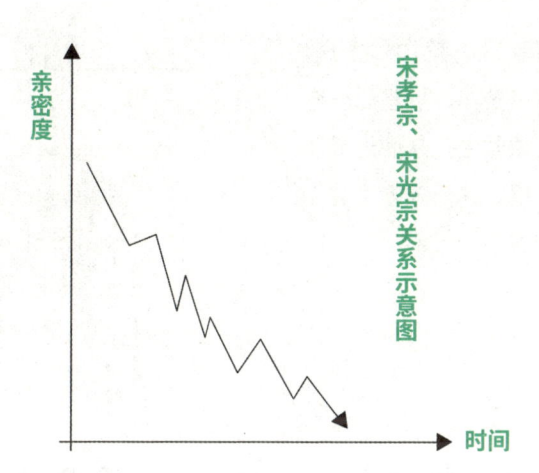

时间 →

更糟糕的是，宋光宗想要立自己的儿子为皇储，宋孝宗却认为魏王赵恺之子赵抦更合适。

这让光宗几近崩溃，他无论如何也不愿意再见父亲了，精神疾病也更严重了，经常精神失常到不认人，没有办法再上朝理政。

爱卿快平身！

啊！

宋光宗

宋光宗从小就体弱多病，加上做太子多年，登基后一些政事又无法做主，从而形成了懦弱的性格，这与宋孝宗这个做父亲的脱不了干系。

宋孝宗

宋光宗（小时候）

父爱如山

宋孝宗在父子失和的失望和忧虑中一病不起。绍熙五年（1194年）六月初九，赵昚在临安重华殿逝世，终年68岁。

没什么事，我先"挂了"。

宋孝宗

宋孝宗死后，赵汝愚、韩侂胄等人尊宋光宗为太上皇，拥立嘉王赵扩登基，是为宋宁宗。

> 心拔凉拔凉的。

宋光宗 **宋宁宗**

《题临安邸》
——南宋·林升

山外青山楼外楼，
西湖歌舞几时休？
暖风熏得游人醉，
直把杭州作汴州。

宋孝宗和宋光宗前期所积累了 30 余年的"乾淳之治"也步入了尾声，南宋开始了由盛转衰。

> 宋高宗赵构对宋孝宗赵昚考验有加，但整体还是赞赏的；而宋孝宗赵昚总觉得宋光宗赵惇还是个没长大的孩子。

> 做父母的，还是要多鼓励孩子哦。孩子大了，做父母的要懂得放手。

明太祖·朱元璋

出过家，要过饭，

平民"逆袭"之典范

如果搞一个古代平民"逆袭"成为帝王的排行榜，朱元璋绝对高居榜首。一没家世背景，祖宗八代都是农民；二没起始资金，连一日三餐都成问题；三没文化，没有上过几天学，但他却从乞丐做到了皇帝。

前方"高能"预警：此文没有心灵鸡汤，全是"心灵硫酸"哟。

创业的秘密
——朱元璋最励志案例分析

元天历元年（1328年），朱元璋出生于濠州钟离（今安徽凤阳）的一个穷苦人家，因为在家族兄弟中排行第八，所以叫朱重八。由于家贫，朱元璋无法读书，从小就以给村里的地主放牛为生。

我是一颗小小的石头，深深地埋在泥土之中……

太难听了！别唱了！耳膜快破了！

儿时的朱重八

汤和

朱重八 17 岁的时候，老家发生了蝗灾和瘟疫，半个月之间，他的父亲、大哥以及母亲先后去世。

家里没钱买棺材，甚至连块埋葬亲人的土地也没有，邻居给了朱重八一块坟地，他找了一张破席裹好亲人的遗体，草草埋了。

悲伤的花季少年朱重八

我的人生，才不会这么轻易地结束。

走投无路之下，朱重八来到皇觉寺，剃度为僧，每天干些扫地、上香、打钟、击鼓、烧饭、洗衣的活儿。不久，当地闹饥荒，寺里也没有多少香火收入。这样一来，朱重八只好离开寺院，云游化缘。

元至正五年（1345年），17岁的朱重八边走边乞讨，从老家到合肥，然后再进入河南，又回到了皇觉寺。在这乞讨的三年中，他的足迹遍及光、固、汝、颍诸州，接触了不同的风土人情，开阔了胸襟和眼界，积累了不少社会生活经验。

现实的多艰铸就了朱重八坚毅、果敢的性格，所谓潜龙在渊，他已经初具"逆袭"的内在条件，只差一个机会。

几年后，回到皇觉寺的朱重八收到儿时伙伴汤和的来信，汤和邀请他参加濠州郭子兴的义军。

> 亲爱的重八兄：
> 　　展信悦！不知近来你过得可好？世事沧桑变化，有个朋友总是寄托。我近日做大事，忙碌但温饱无忧，遂惦记兄，兄可愿与我一同创业？加入起义大军！来吧，有大把的时间快活。细思吾言，慎之切切！
> P.S. 1. 切记，不可让别人知晓此事。
> 　　2. 来时，千万别唱你的那首歌。
>
> ——你的挚友汤和

此时，朱重八在皇觉寺好歹有口饭吃，本来犯不着去掺和这种诛九族的事（尽管他家人差不多都死了），但师兄告诉他，寺内有人知道此信，要去告密。

于是，朱重八只好去投奔红巾军。这一年，他 25 岁。

吓得我拔腿就跑……

重八够狠，总是冲在前面。

非常感动啊，这次真的感动到哭。

朱重八入伍后，打仗时总是第一个往前冲，获得的战利品全部上交元帅郭子兴，得了赏赐，又说功劳是大家的，就把赏赐分给大家。

不久，朱重八在部队中的好名声传播开来。

朱重八作战勇敢、处事得当，很快得到郭子兴的赏识，郭子兴把他调到帅府当差，任命他为亲兵九夫长，还把他视作心腹知己，有重要事情总是和他商量。

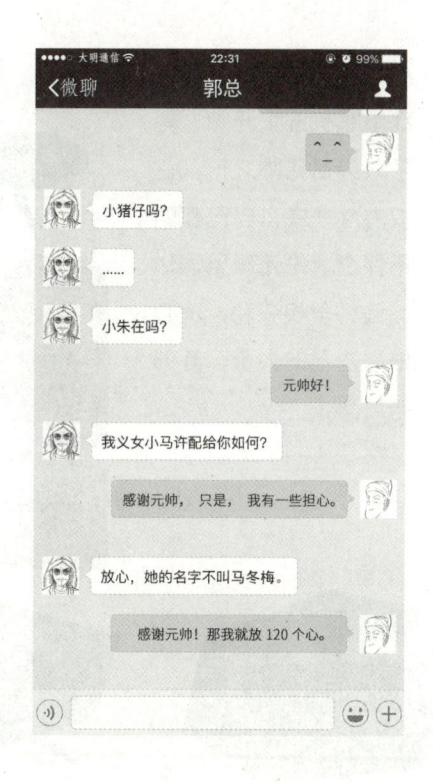

> **郭总**
>
> 小猪仔吗？
>
> ……
>
> 小朱在吗？
>
> 元帅好！
>
> 我义女小马许配给你如何？
>
> 感谢元帅，只是，我有一些担心。
>
> 放心，她的名字不叫马冬梅。
>
> 感谢元帅！那我就放 120 个心。

朱元璋，诛元璋！

从乞丐到元帅侍卫，还被元帅招为女婿，这只是朱重八平民"逆袭"之路的开始。从此，军中改称他为"朱公子"，朱重八另取了正式名字"元璋"，字国瑞。

当时的濠州城中，红巾军有五个元帅。郭子兴只是元帅之一，在权力斗争中，自己都朝不保夕。朱元璋见濠州城诸将争权夺利，决心依靠自己的力量，开创新局面。

瞧瞧，这种情况叫什么来着？

专业。

内卷。

濠州五帅

朱元璋

马夫人

乱嚷嚷啥？朱大哥现在大名朱元璋，外号朱公子。快叫八哥！

重八，你小子发达了啊！

听到朱元璋归乡后聚集的小伙伴们

冲啊！

至正十三年（1353年），25岁的朱元璋以红巾军将领的身份，回到家乡募兵。这次募兵的青壮年中，有不少后来明朝的开国将领，徐达、周德兴、郭英等名将都在其中。

朱元璋凭借自己在乡亲中的影响力，募兵七百多人。回到濠州后，凭借此功获得了郭子兴的提拔，做了镇抚。为了避免红巾军内耗，朱元璋带着得力心腹徐达、汤和等人离开濠州，南略定远。

在去定远途中，朱元璋又招募了几千人，统率着这支队伍，他攻破定远的元军营地。

朱元璋从降军中挑选了两万精壮汉人编入了自己的队伍，并南下滁州。

在南下滁州途中，定远名人李善长求见，两人一见如故。李善长劝说朱元璋效法刘邦，朱元璋认为很有道理，于是留李善长做了"经纪人"——幕府书记。

朱元璋很快攻下了滁州。此时，郭子兴在濠州受到排挤，混不下去了，也来到了滁州。朱元璋感念当初的知遇之恩，主动把三万纪律严明、军容肃整的精兵交给郭子兴指挥。郭子兴十分欢喜，后来又任命朱元璋为总兵官，镇守和州。

至正十五年（1355年），郭子兴病逝，27岁的朱元璋成为这支军队的实际主帅。

趁张士诚在进攻江南元军的机会，朱元璋亲率水陆大军，轮番进攻，终于拿下了集庆，并改名应天（今南京）。

朱元璋在应天府驻扎几年，迅速秘密扩张自己的实力，在争取民心的同时拉拢士心。

《明史·刘基传》载，刘基入帐后，"陈时务十八策，太祖大喜，筑礼贤馆以处基等，宠礼甚至"。可见，士人在朱元璋统一全国的过程中起了重要作用。

朱元璋建立以应天为中心的根据地，周围各方势力龙盘虎踞。

元末形势一览图

面对这种局势，"神人"刘伯温向朱元璋提出"避免两线作战、各个击破"的策略，被朱元璋采纳。此后，朱元璋踏上了统一江南的征程。

饭，

要一口一口吃。

这样才好消化。

刘伯温

朱元璋

吧唧吧唧！
好吃！

陈友谅约张士诚东西夹击应天，平分朱元璋的领地，应天大震。朱元璋召集众将商量对策，一时众说纷纭。唯有刘伯温默不作声，朱元璋于是征求他的意见，刘伯温认为目前应该主动挑战最具实力的陈友谅。

我觉得……

先打陈友谅。

打你哦！

打架挑大个儿，就是茅坑里点灯——找屎（死）。

刘伯温这个文科生。

小爱提问

刘伯温的分析很有道理。虽然陈友谅势力强大，但是他杀君自立，部众离心，故而外强中干。张士诚向来首鼠两端，到时候他一定坐视不理。如果打张士诚，陈友谅就会趁机浑水摸鱼。

为什么刘伯温不挑实力更弱的张士诚打？

于是朱元璋接受刘伯温的建议，让康茂才去引诱陈友谅，打算用一招"请君入瓮"，制造战机。由于康茂才是陈友谅的旧友，陈友谅便轻信了康茂才，率军赶往江东桥赴约。

陈友谅

大汉皇帝陛下：
六月二十三日攻应天，臣在江东桥接应。
暗号：套路。

陈友谅率舰队主力赶到应天郊外的江东桥，发现受骗中计。

双方交战，陈友谅败逃九江，朱元璋趁机率军占领江州。

陈友谅

大吃一鲸（惊）

119

3年后，经过休整的陈友谅在鄱阳湖和朱元璋展开决战，双方大战36天，最终陈友谅的舰队不如朱元璋的小船灵活，遭到火攻。陈友谅被冷箭射死。

卒。

陈友谅，元朝末年群雄之一。在鄱阳湖被朱元璋击败，在突围时中流箭而……

灭掉陈友谅后，36岁的朱元璋在应天府被群臣劝进为吴王。朱元璋仍以龙凤纪年，效仿元朝的官制，设立百官，设置中书省。他的下一个目标是张士诚。

张士诚早年以贩卖私盐为业，后来发动盐徒起义，在高邮称诚王，建国号为周。他对治下苏州的老百姓很好，唯一的缺点就是小富即安，没有远图。

至正二十六年（1366年），朱元璋发布《平周檄》，任命徐达为大将军，常遇春为副将军，率军二十万讨张士诚。在杭州、湖州守军先后投降朱元璋后，平江成为孤城。最终，城破，张士诚亡。

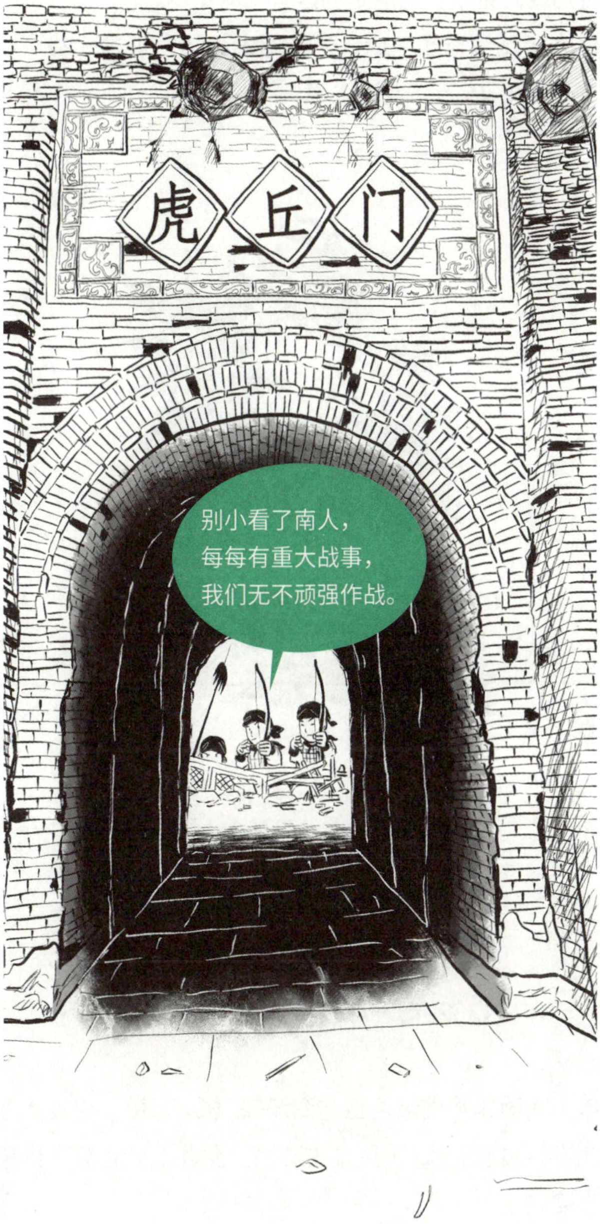
虎丘门
别小看了南人，
每每有重大战事，
我们无不顽强作战。

一将功成万骨枯，何况是创建一个新王朝。

灭掉张士诚统一江南后，朱元璋命徐达为征虏大将军、常遇春为副将军，率军25万，北进中原。

洪武元年（1368年），40岁的朱元璋于南京称帝，国号大明，年号洪武。

同年，大明雄师沿运河直达海津镇（今天津），进逼大都（今北京），元顺帝弃城而走，逃往蒙古草原。至此，蒙古族在中原九十八年的统治彻底结束。

称帝后，您有何感想？

铲史官

朱元璋

人生，需要先定一个小目标，比方说，当个皇帝玩玩。

中国自三代以后，
得国最正者，唯汉与明。
匹夫起事，无凭借威柄之嫌；
为民除暴，无预窥神器之意。

从乞丐到皇帝，朱元璋通过自身的不懈奋斗，最终成就了一番伟业。民国学者孟森对他有一番评价。

孟森

明孝宗·朱祐樘

一生一世一双人，不负天下不负卿

无情最是帝王家，似乎帝王夫妻没有多少恩爱可言。即便有恩爱的，也难以善始善终，如唐玄宗曾宠溺武惠妃，最后却还是移情杨玉环。

"原来你之前迷恋过其他女人。"

"我不是，我没有，别瞎说。"

"既专一，又多情，我就是这么任性的乾隆。"

"啧。"

又如影视剧中的乾隆皇帝，再宠爱富察皇后，也依然后宫三千，留恋繁花枝头。

呼风唤雨的皇帝能够一辈子只有一个妻子吗？答案是可以，这个人叫**朱祐樘**。

朱祐樘（1470—1505 年），即明孝宗（1487—1505 年在位），年号弘治，明朝第九位皇帝，明宪宗朱见深第三子，生母为孝穆纪太后。

明成化二十三年（1487 年）的大明京师，二月的春光喧闹了枝头，也喧闹了世人的心头，因为 17 岁的太子要大婚了。

十七岁的共享单车

谁还不是一个小仙女？

张氏

新娘年方十六，是兴济监生张峦的女儿，小家碧玉。张氏在和睦的家庭环境中长大，小时候享受过一段时间独生女的宠爱，两个弟弟年龄比她小很多。

年少时，张氏有过婚约，男方是同县的青年公子孙伯坚。到了当婚的年龄，孙伯坚忽然得了重病。张家请求退聘，让张氏去参选太子妃。孙家应允了。

不承想张氏竟被选上了。二月初十这一天，朱祐樘与张氏完婚。

张氏

半年后，明宪宗朱见深的宠妃万贵妃去世了，一个月后明宪宗也随之宾天。朱祐樘即位，他就是后世所说的明孝宗。

历史上很多人当了皇帝后，第一件事是什么？答案是**选妃**！

我不是，我没有，别瞎说！

朱祐樘也不例外。很快，就有一个叫郭镛的太监提议选妃。

陛下，为了子孙繁息，请多选女子入宫吧。

你着什么急？还是交给礼部去讨论吧。

皇上不急太监急嘛……

明孝宗·朱祐樘

御马监左少监·郭镛

朱祐樘"命礼部会议"，这种不置可否的态度其实就是同意了。但臣子们并不希望新皇帝刚刚励精图治就耽于女色，一个叫谢迁的大臣以"三年未终"为由建议暂缓选妃。

好家伙……

丁忧三年啊皇上！先皇宾天还没有过三年啊！

明孝宗·朱祐樘

左庶子·谢迁

笑容渐渐凝固

真相居然是……

但是谁都没想到，就在这暂缓的三年里，朱祐樘居然爱上了张氏！究竟是为什么爱上的，史籍并没什么记载，但我们从史料中可以找到蛛丝马迹。

虎躯一震三人组

故事要从这里讲起……朱祐樘的母亲纪氏是广西人，朝廷征讨瑶寨时她被抓到宫中做宫女。偶然的情况下，明宪宗临幸了纪氏，结果纪氏怀上了朱祐樘。

明宪宗·朱见深

纪氏

糟糕，是心动的感觉。

一个小小的宫女都骑到奴家的头上来了。

万贵妃

万贵妃知道这事后，"恚而苦楚之"。当时明宪宗已经有一个儿子了（悼恭太子朱祐极），对纪氏怀孕并不在意，为了安抚万贵妃，他把纪氏打发到安乐堂。

《明史》说明宪宗和万贵妃很晚才知道朱祐樘的存在,这并不准确。纪氏怀孕时,两人就都知道了。

呱!

安乐堂很偏僻,是明代安置无权无势、重病垂危太监之所,宫女生病了,也会送到这里医治。纪氏就在这个很糟糕的环境里生下了朱祐樘。

妈妈,我饿。

不,你不饿。

再忍一下,我去找点猪油糖给你吃。

捏紧你的小嘴巴

纪氏

朱祐樘

注:此处"猪油糖"由剧情需要而添加。

朱祐樘的童年过得很压抑。在他五六岁的时候,他妈不明不白地死了,传言中凶手指向了万贵妃。朱祐樘随后被周太后接去抚养。

后来朱祐樘君临天下,自然要找妈妈的家人,结果广西的那群官员只找到了一堆骗子。

如果说世上有一样东西是权力也无法获取的,那一定是亲情!朱祐樘身为九五之尊,却有一种难言的孤独。

> 从小在温馨的家庭环境中长大的张皇后，给了他温暖的家庭氛围。

《蒹葭堂杂著摘抄》记载了一个小故事：朱祐樘在宫中宴请岳母，看到自己的餐具是金器，岳母用的餐具却是银器，因此不悦，听太监说是旧制后，便将整套餐具都赐给了岳母。

呃……

朱祐樘的岳母

皇后张氏并没有谢恩,而是撒娇说:"母已领恩赐,吾父则未尝君食也。"在此,她用的是"吾",而不是谦称"妾"。显然,她并没有当他是皇帝,只当他是自己的丈夫。

> 我妈是领了赏赐,可我爸还没有。

> 哎哟哟,好大方的女婿啊。

皇后张氏

> 没有尊卑,只有亲情。

安排!

明孝宗·朱祐樘

随即,"帝命即撤后膳一席赐之,令张氏世世为美谈也"。

明代，皇帝住**乾清宫**，皇后住**坤宁宫**，帝后不能通宵同宿，皇帝召幸皇后后，由太监送回。但朱祐樘却与张皇后一同起居。张皇后生病了，朱祐樘亲自喂药端水。

乖，多喝热水。

朱祐樘

宫女

倘若民间伉俪如此，他人只有称羡的份。但他们是帝后，违制的事情做多了，难免会引起长辈的非议。皇叔朱见潚（sù）就看不惯这种腻歪。

陛下，请博选良家女，以广胤嗣。

荆王·朱见潚

面对叔叔的好意，朱祐樘居然不留丝毫情面。当然，他并没有把责任推给张皇后，以免爱妻落下骄妒的声名，而是自己揽下来了。

好叔叔！这事你也管？

明孝宗·朱祐樘

挂断

你们这帮人……你们现在拥有的平淡生活，曾经是我梦寐以求的。

明孝宗·朱祐樘

朱见潾和那些大臣或许想不明白，这个小女子到底有什么好，既没有倾国倾城之貌，又不具母仪天下之德，居然把他们的好皇帝迷得忘乎所以。

所幸，四年后他们有了爱情的结晶，张皇后生了一个壮实的男孩。这个男孩就是后来的正德皇帝朱厚照。

> 大家好，我叫朱厚照，可以叫我照照，请大家多多关照！

大明的希望

朱厚照从小就展现出"耿直 boy"的特质。《明良记》记载了一个小故事：有一次，朱祐樘哄儿子打奶妈，儿子怎么都不打；让儿子打亲妈，儿子却打了。

扑哧！

不许笑！

哈哈哈！

张皇后

朱厚照

明孝宗·朱祐樘

在爱妻和小儿身上,朱祐樘感受到了从小就缺失的天伦之乐。他不禁想感谢一切与张皇后有关的人。更有甚者,连张皇后的"前男友",朱祐樘都赏了他一个正五品的官职"尚宝卿"。

大弟·寿宁侯·张鹤龄

小弟·建昌侯·张延龄

伯父·佥都御史·张岐

张皇后

侄子·锦衣卫指挥使·张敎

姑父·礼部尚书·高禄

前男友·尚宝卿·孙伯坚

张皇后部分亲属受封图

张氏兄弟很不争气,经常被言官参奏,而朱祐樘批复"朕只有这门亲,再不必来说",维护之情溢于言表。

> 陛下,不是臣妄议,两位国舅爷实在太不像话了!

> 来来,诸位爱卿,朕在这里给几位赔罪了。

言官

明孝宗·朱祐樘

虽然爱屋及乌,但与商纣王为了宠爱妲己而杀害忠臣比干不同,朱祐樘是非分明。小舅子张鹤龄因为私怨,欲杀新科进士李梦阳,"帝弗听,召鹤龄闲处,切责之"。

> 小舅子,不要太过分了!

明孝宗·朱祐樘

新科进士·李梦阳

张氏兄弟怙宠横甚,张皇后一次又一次包庇,以致士大夫们对这位皇后颇多微词,总觉得她配不上"国朝第一明君"。

如人饮水,冷暖自知。在陪她看了20年的细水长流之后,朱祐樘来到了生命的终点。弥留之际,他想起的是与她初见那个夜晚,高烛照红妆。

掀盖头,讲究。

终于到我照照登场了!大家都觉得我是一个熊孩子吗?

还有他们的爱情结晶——儿子朱厚照,他交代大臣,"辅导他做个好人"。这像极了一个平凡的父亲对儿子的平凡期许。

这辈子,他在险恶后宫中孤独长大。普通家庭的声色饮食,儿女情长,对他来说是那么珍贵。**这份平淡的爱,便是我们多数人的烟火人间。**

明武宗·朱厚照

一生叛逆，威武将军

除太祖朱元璋以外，明朝皇帝在民间出名的大概要数明武宗朱厚照了。

这得益于戏曲《戏凤》在民间的广为流传。《戏凤》讲的是明武宗不守礼法，与民间女子李凤姐相恋结合的故事。

哎，军爷，你来做什么？

酒家女·李凤姐

明武宗·朱厚照

凤姐，我爱上酒家人，我进了酒家门。

我哥哥不在家，今天不卖酒。

卖酒的风情好，你比酒更迷人。

朱厚照

明武宗朱厚照是明朝的第十位皇帝，生于弘治四年（1491年）。他是一个典型的"90后"。长大后，他通晓阿拉伯语、蒙古语、葡萄牙语等多门语言。这说明他天资聪慧，而葡萄牙语在当时无疑是"火星文"，而且，朱厚照短暂一生中的很多行为，在百官看来都很"杀马特"。

《戏凤》这个故事为什么会出现在朱厚照身上？他的一生为何又如此特立独行？

让我们从他小时候说起。

家有熊孩初长成

幼年的朱厚照，半岁时便以嫡长子的身份被立为太子，且因弟弟早夭而成为孝宗唯一在世的儿子。

独生子的毛病他都有，喜欢踢球、荡舟、戏曲、飞鹰走马，唯独不喜读书，《明武宗实录》中记载，他从7岁学到14岁，短短的《论语》都没有学完，更别说《资治通鉴》之类的皇皇巨著了。

> 告诉太子，老子并没有说过这句话。

> 太子口谕："老子今天不上课！"

帝师·李东阳

传旨太监

皇宫经筵场所

朱厚照最大的爱好是骑射，每日不得消停，甚至徒手搏虎豹。他老爹知道了不但不制止，反而表示很欣赏。

有了父亲的鼓励，少年朱厚照玩起来更是肆无忌惮。

如果明孝宗知道在他死后，儿子朱厚照无视伦理纲常，自封"威武大将军"，估计会气得掀棺材板。

好在明孝宗临终前醒悟过来了——

明孝宗临终前嘱托，说明他对儿子的将来并不放心，所以把朱厚照托付给刘健、李东阳、谢迁三位顾命大臣。

有了先皇遗诏，三位顾命大臣当然不客气，立马收集了朱厚照的"五宗罪"，把叛逆的朱厚照"捶"了一顿。

一、经常偷偷一个人溜出宫，违反祖制！

二、频频到内府各监局瞎逛，和工匠瞎扯！

三、常常跑到南海子去划船，瞎浪！

四、经常外出行猎，不务正业！

五、在外面瞎吃路边摊，不讲卫生！

朱厚照

呵呵，你们真是不知道，路边摊有多好吃。

朱厚照养成这样的性格怪不得别人，与明孝宗的宠溺有很大关系。

明朝皇帝的父子关系大多不太好，难得明孝宗和明武宗父子之间有亲情。

据《明朝小史》载，孝宗生前经常带着年幼的朱厚照微服夜行，还教导儿子不要让六科的谏官知道。

政事上的叛逆

三位顾命大臣以为 14 岁的新皇帝只是处于青春叛逆期，虽然苦口婆心，皇帝也只当作耳旁风。即便如此，三人还是尽心尽力辅佐。

众人万万没想到，明武宗"一直叛逆一直爽"。在太监"八虎"的挑拨下，双方的矛盾很快就爆发了。

正德"八虎"

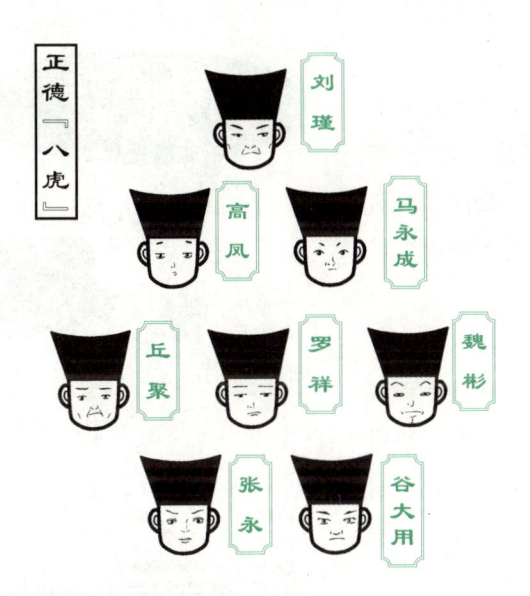

刘瑾

高凤　马永成

丘聚　罗祥　魏彬

张永　谷大用

起因是关于龙衣一事。

武宗派太监到江南去督造龙衣，太监以筹措经费为由，想讨用江南长芦盐场的一万两千盐引（运销许可证）。毕竟盐政专卖的收入用于边饷，龙衣的开支向来由皇帝"小金库"内府出。户部只答应给一半，太监却坚持要给全。双方僵持不下，明武宗只得找来三位顾命大臣谈判。

嘻嘻嘻……

朱厚照

加入战斗

谈判的地点在乾清宫的东暖阁，谈判的结果是明武宗坚持给全盐引，而三位顾命大臣坚持再议。

此时，三人只好以辞职威胁。按规矩辞职要三辞三留，明武宗却不按套路走，同意了刘健、谢迁的辞职，却留下了李东阳。

世界很大，你们要出去看看。懂我意思吧？

朱厚照　谢迁　刘健　李东阳

为什么留下李东阳？

一是因为如果辞退全部老臣，会引起公愤；
二是因为为了分化三人，让他们互相猜疑；
三是因为李东阳是神童，4岁就被景泰帝召见过，天下闻名，惹不起。

这次事件引发了文官集团和宦官集团的斗争。

言官纷纷弹劾"八虎"。"八虎"和少年皇帝有着一同踢球、游猎的交情,再加上明武宗本身很记仇,他想起三位顾命大臣隔三岔五就训自己一顿……

> 我从来不记仇,除非有仇。

朱厚照

结果当然是"八虎"获胜。

最终,53 名文官和 3 名宦官("八虎"的对头)被公布为"奸党",其中除了三位老臣外,还有一个后世广为人知的人物——王阳明!

心即理。

王阳明

知行合一。

致良知！

没有了顾命大臣的监督，朱厚照就像一匹脱缰的野马，离开了乾清宫，在皇城西北角建了座有 200 间房间的豹房，豹房分公廨、豹房、佛寺、教场四大板块。

正德二年（1507 年）八月，明武宗撇开了明朝历代皇帝居住的乾清宫，搬到豹房去居住了。从这时起一直到死，明武宗朝夕处此，有十三四年之久。

> 你们撸猫，我撸豹。

朱厚照

婚恋上的"放飞自我"

明武宗不仅在日常政务上十分叛逆,连在婚恋方面也非常"放飞自我"。

皇后夏氏比他小一岁,为人静定端庄。两人大婚一年,明武宗就搬到了豹房。《明良记》载,明武宗久不御内,有次难得进宫,年轻的夏皇后见到他二话不说就哭了,结果明武宗说了一串让夏皇后"吐血"的话。

咦?皇后为何流泪?还如此消瘦?吃得太少了吗?

呜呜呜……

朱厚照

夏皇后

好啦好啦,着光禄寺进膳,加肥鹅一双。

让皇后独守空闺的明武宗，却在豹房收集了各类女人：教坊司之女、高丽女、色目人女、西域舞女、寡妇、青楼女子等。

其中最受宠的当数武将马昂的妹妹。马氏号称"卫所一枝花"，善骑射、娴熟胡乐、知蒙古语，和明武宗的兴趣完全一致。尽管她已经嫁人，并有孕在身，但明武宗完全不在乎，还是把她收入豹房。

除了马氏外，还有个刘美人也深受明武宗的宠爱。

刘美人是《游龙戏凤》中李凤姐的原型，原是太原府一个乐工的妻子。明武宗游幸山西大同时，因喜她色艺俱佳，便把她带回了豹房。

据清人毛奇龄《胜朝彤史拾遗记》载，明武宗将要南征，先送刘美人到潞河，再銮驾而行，然后派仆役去迎刘美人，双方约定以发簪为信物。

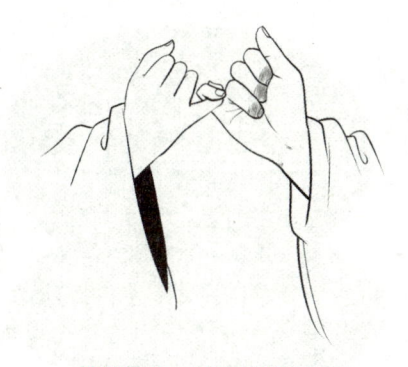

悄悄拉钩，然后惊艳所有人

明武宗来到临清州，发现发簪半路丢了，回头去找了几天没找到，派太监去接，刘美人说没有信物不走，明武宗只好乘船回去亲迎刘美人。

师傅，麻烦再快点。赶时间。（朱厚照声音）

马氏因兴趣被宠，刘氏由性格见爱，可见明武宗是在以普通人而非以皇帝身份寻求所爱。

其行为固然荒诞无道，但似乎也是在摆脱那种"父母之命，媒妁之言"的常态婚姻。

军事上的敬真我

哈哈，这就很搞笑了。

朱厚照

呃……

明武宗也想证明自己不是瞎叛逆，而是效仿列祖列宗南征北战的一代英主。

正德十一年（1516年）七月，有人发现河套的蒙古骑兵出现在昌平白羊口，这件事情引发京师朝野震动，25岁的明武宗收到军情后忍不住笑了。

明武宗决定出居庸关御驾亲征，他以为这次大臣们会支持自己，谁知文官们一听心态"炸"了，毕竟土木堡之变殷鉴不远。

很快谏书像雪片一样纷至沓来，科道官甚至用《皇明祖训》（朱元璋对后世子孙的训诫）来压明武宗，不过这次明武宗"跩"文居然"跩"赢了。

《皇明祖训》有言：后世子孙倚中国富强，贪一时战功，无故兴兵，致伤人命，切记不可。

哼。

朱厚照

大臣

你可还记得后面还有一句：但胡戎与中国边境互相密迩，累世战争，必选将练兵，时谨备之。

呃……

朱元璋

难得遇到一次自己占理，明武宗岂会放弃？

次年八月，明武宗偷偷溜出居庸关，来到了宣府，建"镇国府"，自封"威武大将军朱寿""镇国公"。

两个月后的二十一日上午,河套蒙古大军四五万人来犯,明武宗亲率五六万大军迎战,双方大战百余回合,历时六小时左右。

明军官兵在这场战役中表现出空前的战斗力,明武宗亲手斩杀对手一人。

总体而言,明朝取得了战略上的胜利,史称"应州大捷"。

明武宗得胜回朝后，在奉天门下陈列了一批在应州大捷中所得的战利品，以显示这次远征的赫赫战功，还高兴地宣布文武百官放十天假，甚至写了一首诗庆祝。

正德英名已播传，南征北剿敢当先。
平生威武安天下，永镇江山万万年。

诸位爱卿，此诗如何？

朱厚照

不过，在百官看来，这只是明武宗在做出了一个违背祖宗之法的决定后，打了一次侥幸的胜仗。

在明武宗看来，无论他怎么去努力，乾清宫都意味着祖制、规矩以及"正德"这个年号所指向的羁绊。而豹房则意味着自由、解放、做自己。

然而豹房之中也有互相较量的三股势力。

①宦官势力
以刘瑾、张永等"八虎"为代表，掌东厂、京军。

②近幸势力
以钱宁等豹房内务为代表，掌锦衣卫、吃喝玩乐。

③边军势力
以江彬等边将为代表，掌北方边防军。

佞幸掌权，大多会搞得天怒人怨，所以，这些人往往没有好下场。

这就是命！

第一个倒下的是刘瑾。

正德五年（1510年），藩地在安化（今甘肃庆阳）的安化王朱寘鐇，打着诛刘瑾、清君侧的旗号造反，虽然十八天就被平定了，不过他拉了一个垫背的，大太监刘瑾也被凌迟了。

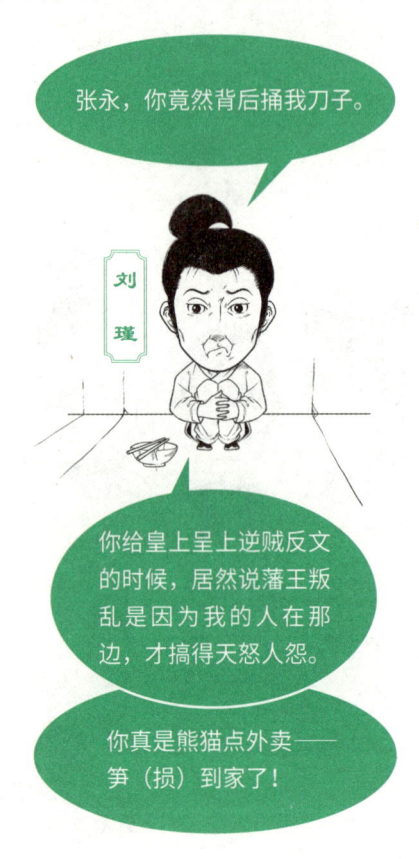

> 张永，你竟然背后捅我刀子。

刘瑾

> 你给皇上呈上逆贼反文的时候，居然说藩王叛乱是因为我的人在那边，才搞得天怒人怨。

> 你真是熊猫点外卖——笋（损）到家了！

第二个倒下的是钱宁。

正德十四年（1519年）六月十四日，宁王朱宸濠在南昌发动叛乱，消息传到了北京，明武宗又兴奋了。上次北战，这次南征，南征北战，一代英主，要齐全了！

打他!

宁王叛乱，嘿，您猜怎么着？

朱厚照

等了好久终于等到今天

虽然宁王叛乱声势不小，波及江西北部及南直隶西南一带（今江西北部及安徽南部）。

不过他遇到了明朝"第一文官"王阳明，仅过了43天，就被时任赣南巡抚的王阳明平定。

代表大明消灭你!

王阳明

宁王

八月二十六日，明武宗南征的大队人马浩浩荡荡走到了涿州，接到了王阳明平定叛乱的奏疏。

打开《擒获宸濠捷音疏》一看，明武宗直接蒙了，宁王被自己曾经钦定的"奸党"王阳明活捉了。这样，一来自己很没面子，二来南征顿时失去了目标。

陛……大将军，宁王已被王守仁平定。

封锁这个消息，别让外廷官员知道。

朱厚照

不过，明武宗南征的队伍才到保定时，王阳明活捉宁王的消息就已经传遍了京师。

呃……这就非常尴尬了。

朱厚照

宁王被活捉啦！
宁王被活捉啦！

大学士杨廷和劝明武宗回京，明武宗不予理会，继续南下，并派遣太监张永去杭州拦截王阳明，王阳明让他押送宁王进京。

奉万岁爷的旨意，请王大人移交钦犯。

王大人深明大义。

好说好说。

咱也不多说，以后谁敢乱撕咬大人，咱让他吃不了兜着走。

公公抬爱了。

御用监太监·张永

王阳明

喂！我宁王还在这儿呢！当着我的面大声讨论好吗？

唉，真是同病相"宁"啊！

诏狱

钱宁

宁王被抄家后，翻出了一些与他勾结的京师官员名单，其中就有明武宗的豹房总管钱宁。明武宗一怒之下，下令逮捕钱宁并抄家。

不过钱宁是因为明武宗无子，不得已到处抱藩王大腿以求自保，倒不是有心造反。

宁王在手，明武宗终于有了南征之名，心安理得地在南京巡幸了240多天。他原本计划由南京入苏、杭，再去湖广，游个遍。

由于蒙古势力不断骚扰宣府，有可能会大举进犯；以及江淮流民可能会发生动乱，阻断回京的路途，武宗决定返京。

武宗死，叛逆续

刘瑾、宁王、钱宁相继倒下，明武宗没想到下一个倒下的竟是自己。

回京路上，经清江浦（今属江苏淮安），"旱鸭子"明武宗因贪玩捕鱼，不慎跌落水中。

明武宗虽然被侍卫救起，但可能水呛入肺，引发了肺炎，回京不久后就去世了，终年31岁，明武宗结束了自己那叛逆的一生。

落水只因朕想做捕鱼达人，怪不得别人。

现在只能躺平了。唉。我想要豹豹……

朱厚照

广告皇位招租

内阁首辅杨廷和为确保京师安全,急速调兵设防,京师坊间纷纷流传江彬密谋叛乱。江彬与阁臣、宦官之间本来就不对付,杨廷和于是趁机拘捕江彬以平息舆情,并以谋逆罪处死了江彬。

至此,那些支持明武宗四处"浪"的宠臣也不复存在了。

不过,叛逆的幽灵依然游荡在紫禁城上空,接替豹房的,是道场。

离九霄而膺天命，情何以堪；
御四海而哀苍生，心为之伤。

让我看看谁在摸鱼。

明世宗·嘉靖皇帝·灵霄上清统雷元阳妙一飞玄真君·朱厚熜

明武宗朱厚照一生都充满了叛逆色彩，与明孝宗对他的宠爱有一定的关系哦。

看来，做父母的不能太宠溺孩子！

明思宗·朱由检

不当木匠不炼丹，兢兢业业不"翘班"

前面我们说过李后主、宋徽宗等亡国之君,今天来说一说崇祯皇帝。崇祯是历代亡国之君中最"悲剧"的一个,在位17年,不当木匠不炼丹,兢兢业业不"翘班",最后却落得一个"君王死社稷"的下场。

> 人生如此努力,然而并没有什么用。

大明亡国之君·崇祯皇帝

故事从明天启七年(1627年)说起,23岁的明熹宗朱由校服用"仙药"身亡。他膝下无子,按照"父死子继、兄终弟及"的规定,17岁的朱由检坐上了大明的头把交椅,改元崇祯,从此君临天下。

天启皇帝·朱由校

放开我,我还能嗑……

朱由检上位后做的第一件事,就是除掉魏忠贤。魏忠贤是大内总管,掌控大明锦衣卫和东厂,统率文官集团中的齐、楚、浙党,虽然非常跋扈,但对还是信王的朱由检还算客气,时不时给他送些礼物。

> 我的脸都被你丢光了……

> 信王,这个送给您!

信王·朱由检

魏忠贤

小爱提问

崇祯为什么要杀魏忠贤?

> 魏忠贤在天启五年(1625年)杀害东林党杨涟、左光斗等人,这件事肯定得到了明熹宗的支持,但因为办事不力,已然落了把柄。崇祯上台后要洗白皇权,就必须让魏忠贤来给先帝背黑锅。

除掉魏忠贤之后，朱由检用搞运动的方式处理了前朝遗留下来的政治问题，该翻案的就翻案，该打压的就打压，位子差不多坐稳了……

但前几任留下的烂摊子却很棘手——

一是边患。后金自万历年间便崛起于白山黑水之间，其军事力量直逼山海关，给大明的边防造成极大威胁。

二是民生。连年的水旱灾害使得全国各地相继出现了大饥荒，没饿死的农民大多揭竿而起，陷城杀吏。

揭竿而起的起义军

　　三是贪腐。明朝官员的俸禄极低，单靠死工资根本没法养家糊口，官吏办事额外收钱都有定例，举国上下，几乎找不到一个清廉的官员。

这怪谁啊……

　　四是党争。从万历年间延续下来的党争不仅没有消除，反而斗得越来越欢，别说耽误国家大政，连日常办公都受到影响。

四大难题没有一个是容易解决的，要开创中兴局面真是千难万难。朱由检决定迎难而上，从此开启了他努力却十分悲剧的人生。

加油，微笑着面对人生

一改前几任皇帝的散漫作风，朱由检鸡鸣起床，每天都参加日讲经筵，努力提高业务水平；认真阅读本章和票拟，务求处理精当，以至经常加班加点到半夜三更。

你们有谁见过凌晨3点的京师？

奋笔疾书的崇祯皇帝

我们天天见到……

巡更

针对边患问题，朱由检起用袁崇焕为兵部尚书，赐予尚方宝剑，托付他收复全辽的重任。但崇祯二年（1629年）十月，皇太极率领十万大军绕道蒙古，直逼京城，生性多疑的朱由检认为袁崇焕与皇太极勾结，处决了袁崇焕。

陛下，给您一圈赞

崇祯三年（1630年）正月，后金的部队回师向北，朱由检松了一口气，但由于天灾人祸，西北各处的农民纷纷起义。洪承畴领兵平乱，每天都有捷报，然而起义军却越剿越多。

朱由检认识到，只有充分地赈灾救济饥民，才能从根本上平定这场内乱。但赈灾要钱，财政年年亏空，根本没钱赈灾。于是西北起义之势愈演愈烈，到了崇祯五年（1632年），大股农民军已经从陕西打到河南。

崇祯初年，每年基础财政收入定额只有1461万两，军费开支就多达1530万两，加上行政官员的工资、"皇N代"的俸禄开支，财政入不敷出。

仿佛身体被掏空……

崇祯四年（1631年）的秋天，朱由检对朝臣的能力和品德彻底失去信心，他发现，如何抵御外患、消弭内乱、治理财政和破格用人，这些问题朝堂上居然无人能解，于是他决定重新起用宦官，监督各要害部门。

起用宦官，只能遏制和揭发少数官员的贪腐，无助于彻底解决体制性的腐败。何况宦官本身也贪污，朱由检只能想其他办法搞钱了。

搞钱的手段无非是开源和节流。朱由检强行摊派让官员捐助，结果遭到强烈抵制，最后只能给农民加派赋税，但这无疑是饮鸩止渴。

为了节流，在臣子的建议下，朱由检还裁撤了驿站，下岗的诸多驿卒中有一个陕西米脂的汉子——李自成。

崇祯四年（1631年），李自成开始崭露头角，他号称"闯将"。他的队伍被称为"八队"，突出特点是纪律严明，所部令行禁止，因而虽几经挫折却能日益发展，算是农民军中最强的。

大明通缉令

被通缉犯人姓名：李自成
籍贯：陕西榆林
口头禅：大明？我第一个不服。
所犯何事：造反

崇祯八年（1635年），河南的农民军席卷向东，其中一支攻下了凤阳，把朱由检的祖坟给刨了。朱由检痛哭之际，不断换将镇压农民军，其中值得一说的是孙传庭和杨嗣昌。

让我冷静一下……

崇祯九年（1636 年），孙传庭率领秦军在子午谷和高迎祥激战四天，活捉高迎祥，和洪承畴联手，在潼关南原以重兵埋伏，打得李自成仅剩十八骑兵。此时清军攻入长城，孙传庭回京防御，不久后因与杨嗣昌不和被下狱。崇祯十五年（1642 年），孙传庭复出，战死。

孙传庭

杨嗣昌提出"攘外必先安内"的战略规划。虽然他在四川玛瑙山大败张献忠，但随后被党争所牵制，终究无力回天。崇祯十四年（1641年），洛阳、襄阳相继被张献忠攻破，二王（福王朱常洵、襄王朱翊铭）被杀，杨嗣昌惊惧交加而死。

杨嗣昌

吓得我的秘密都掉出来了

小爱提问：朱由检为什么无法安内？

原因很多，主要和天灾、内政以及他的性格有关。

天灾方面，据《汉南续修郡志》记载："崇祯元年，全陕天赤如血。五年，大饥。六年，大水。七年，秋蝗、大饥。八年九月，西乡旱，略阳水涝，民舍尽没。九年，旱蝗。十年，略阳复旱，秋禾全无。十一年夏，飞蝗蔽天，禾稼木叶都尽。十三年，大旱。十四年，旱。"灾害不断，农民军的兵源也就源源不断。

手里呀捧着窝窝头，菜里没有一滴油

平均四个月换一个内阁大学士。铁打的皇帝，流水的相……

内政方面，朱由检轻于用人，在十七年内先后任用过四十九位内阁大学士，人称"崇祯五十相"，任用过兵部尚书十七人，平均一年换一个。这么做，严重破坏了政策的延续性。

性格方面，朱由检用人必疑，处决袁崇焕后，其副将祖大寿率领部下投奔后金。祖大寿投降后，朱由检不得不抽调对付农民军很有经验的洪承畴救援锦州，结果洪承畴在锦州被围了六个月，食尽被俘。

诈降老司机·祖大寿

不打了不打了，咱们停火。

←大凌河 1千米

朱由检多疑的性格还"坑"了孙传庭，导致战斗力很强的秦军在一度碾压农民军的情况下群龙无首。而好面子又让他拉不下脸来和后金议和，致使两线作战，不得不用战斗力超强的关宁军防守边关。

明属辽东都指挥使司宁远卫。现属辽宁兴城，是我国目前保存最完整的四座明代古城之一。

宁远古城

辽宁

关宁铁骑

以上种种原因，导致农民军"剿而不尽"。崇祯十七年（1644年）三月初，李自成率领的农民起义军势如破竹，攻克了宁武。明军一败涂地，京城岌岌可危。

天哪，这不是真的……

朱由检连夜召诸大臣商议对策。他心里想南迁，可是自己不说，盼望大臣提出并一致赞成，谁知没有几人支持。僵持之际，李自成已经攻陷了保定，南迁的路被从中掐断，南迁之议也就成了泡影。

怎么办、怎么办……

南迁！　　　　　　　　　　　　　　　**天子守国门！**

乱成一锅粥的朝堂和不知所措的崇祯

三月十七日，李自成率领的农民起义军攻入北京，朱由检无路可逃，次日在紫禁城后的煤山上自缢殉国。

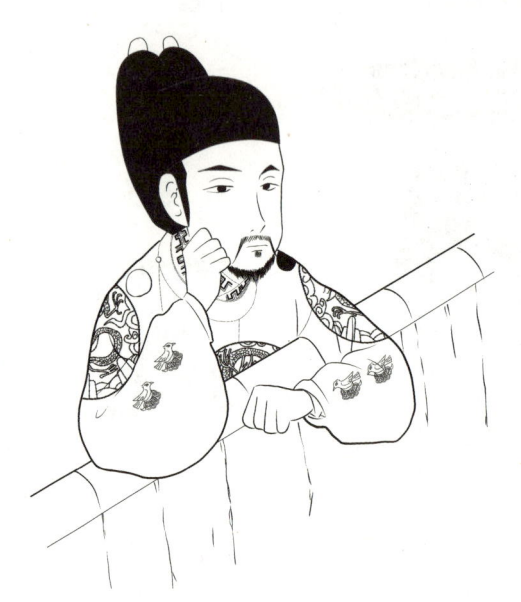

诸臣误朕！！

陛下！

杀！杀！杀！

啊！

崇祯在哪儿？！

朱由检是自明太祖朱元璋以来罕见的勤政之君，在位 17 年夙兴夜寐，然而边患、民生、贪腐、党争等难题却一个都没有处理好。这固然与他刚愎自用、猜忌多疑的性格有关，但更多是大势使然。

从万历到天启，几十年积累下来的弊政，压垮了大明的统治架构，内忧与外患同时袭来，让朱由检无力回天。明史学者孟森评曰：思宗而在万历之前，非亡国之君也；在天启之后，则必亡而已矣。

都怪我了？

天启皇帝

魏忠贤

明思宗殉国处

这说明，一个人的命运虽然要靠自我奋斗，但是也与历史的进程息息相关。

清世祖·顺治

来时糊涂去时迷，空在人间走一回

清代帝王中，顺治皇帝不是最闪耀的，也不是最长寿的，然而他短短的一生却为野史、传说留下了丰富的素材。从他的母亲孝庄太后下嫁多尔衮，到董鄂妃死后，他假死剃度，再到出家五台山……关于他的流言，总像是染上了一层忧伤底色。

> 来时糊涂去时迷，空在人间走一回。

顺治皇帝·福临

> 当皇帝是这么难过的事情吗？我忍不住想感受一下。

> 顺治皇帝的忧伤倒也不是矫情，在真实历史中，他确实有点惨。

皇父摄政王

时间拨回 1643 年的一天，清太宗皇太极猝死。由于事发突然，皇太极没有指定继承人，于是七王齐聚崇政殿，商议继承者。在这个七王会议上，两黄旗、两红旗势力力保的皇长子豪格以及背靠两白旗的多尔衮之间的矛盾最为激烈。

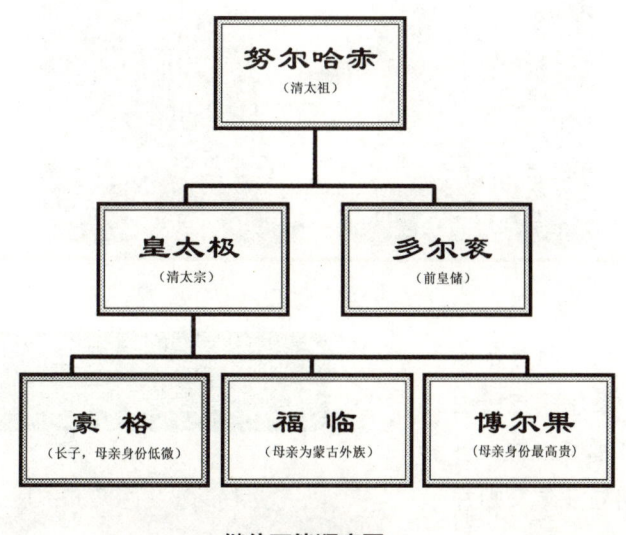

```
                    努尔哈赤
                    （清太祖）
                   /         \
              皇太极          多尔衮
             （清太宗）       （前皇储）
            /    |    \
         豪格   福临   博尔果
      （长子，  （母亲为  （母亲身份
      母亲身份  蒙古外族） 最高贵）
       低微）
```

继位可能顺序图

此时正值与明决战前，内部火并是"取死之道"。虽然保皇势力在现场占优，但多尔衮的势力也不容小觑。

最终，两方各退一步，多尔衮支持由皇九子福临继位，济尔哈朗与多尔衮则并列为辅政王，待福临长大后再归政。这一方案满足了保皇党的诉求，因此得以通过。6岁的福临，就这样成了清朝皇帝。

但等待福临的并非帝王尊荣，而是被打压、冷待的屈辱。多尔衮野心勃勃，不甘心当辅政王，在掌握权势后，他不断增加尊号，从"叔父摄政王""皇叔父摄政王"，最后到"皇父摄政王"。这无异于直接将福临当作傀儡皇帝。

> 我叫你皇上，你叫我爸爸！

多尔衮

多尔衮的狂妄是有底气的，他逐步蚕食、分化保皇党，独掌朝政，几乎直接将王府当成朝廷，小皇帝福临背靠的势力也不断被削弱。

多尔衮

福临亲哥豪格——死在狱中
镶黄旗鳌拜——多次降爵
正黄旗索尼——夺官抄家

顺治皇帝对豪格的感情有多深，不得而知。但作为皇帝的亲兄长，豪格身负莫须有罪名被关押至死，他的嫡福晋博尔济吉特氏还被多尔衮霸占强娶为妃。这对顺治皇帝来说，无疑是一桩耻辱。

你喊破喉咙也不会有人来救你的！

破防了！

博尔济吉特氏

更让顺治皇帝难以忍受的是，多尔衮与孝庄太后的绯闻也甚嚣尘上。坊间传闻，孝庄太后曾经下嫁多尔衮，这自然是子虚乌有；但多尔衮确实多次出入皇宫内院，为了保护顺治皇帝，孝庄太后需要放下身段，与多尔衮虚与委蛇，这是实情。

都别吃瓜了，我难受！

顺治皇帝

兄长冤死，兄嫂被强娶，亲母蒙羞，顺治皇帝的帝王威仪也荡然无存。不仅多尔衮蔑视他，其他贵族也不将小皇帝当回事儿。在顺治七年（1650年），多尔衮随口抱怨顺治皇帝不遵循"家人礼"。几位亲信为了讨好多尔衮，居然进入皇宫，将13岁的顺治皇帝半强迫地架去多尔衮府中"慰问"。

> 没啥大事，就是皇父摄政王想听你叫爸爸。

> 没事、没事。

> 三年后又三年！都快七年了，老大！

顺治皇帝

虽然多尔衮为了摆出姿态，否认言论，将"锅"推给手下人，但对他们的实质性惩罚却十分轻微。这种从上到下对帝王的轻视居然到了如此程度，这对本就多愁善感的少年天子顺治皇帝来说，不啻心灵重创。而类似的事情在顺治亲政前的六七年中时常上演。

然而就在同一年,多尔衮意外坠马,伤重而死。在多尔衮死后两个月,顺治皇帝就把他"毁墓掘尸",为大哥豪格昭雪。曾经的屈辱似乎即将烟消云散,扬眉吐气、重振威仪的未来似乎伸手可及。

> 突然想吃杨梅,因为扬眉吐气啊!

> 皇上,谐音哏要扣钱的。

填坑之路

很快,顺治皇帝亲政的喜悦就被复杂的朝局冲散。经过多年经营,多尔衮不断蚕食、霸占正蓝旗,顺治皇帝背靠的两黄旗也被分化。与之对应的是多尔衮的残余势力,他们以英王阿济格为首,借护送多尔衮灵柩回朝之机,企图谋反,再次架空顺治皇帝。

不过，多尔衮生前虽然荣耀无比，但树敌众多，敌人包括同为摄政王的济尔哈朗。再加上原本多尔衮的阵营内部就各有打算，甚至很多人准备依附顺治皇帝，因此阿济格虽然看似势大，却难成气候。很快，顺治皇帝便得到了济尔哈朗等王公效忠，英王阿济格则因谋逆之罪，被赐自尽。

顺治八年（1651年）初，召开了隆重的亲政大典，14岁的顺治皇帝端坐于宝座之上，众臣叩拜，口称"万岁"，这意味着他终于暂时坐稳了宝座。但此时他心中却不再是初时的喜悦，而是充满了对朝局、对天下局势的焦虑。

这龙椅，有点硌人啊！

皇上，奴才马上让人再加床软垫。

人心散了，队伍就不好带了！

在继续巩固皇权的同时，天下局势也不容乐观。虽然在顺治皇帝亲政之前，多尔衮已完成入主中原的宏图，李自成、张献忠等势力也受到重创，但这并不意味着顺治皇帝可以"躺赢"。摆在顺治皇帝面前的问题多如牛毛，其中最要命的就是民心。

在多尔衮摄政期间，推行了不少民族压迫政策，其中最令人发指的五项是：剃发令、易服令、圈地令、投充法、逃人法。

发留头不留，不如剃光头。

留头不留发，留发不留头！

为了缓和民族矛盾、聚拢民心，顺治皇帝一方面叫停圈地，放宽逃人法，并禁止为剃发易服而劫掠杀戮；另一方面重用汉人，笼络士子之心，并多次下令减轻赋税徭役。这才在一定程度上挽回了民心。

坑是多尔衮挖的，但填坑的却是我福临！

与此同时，南明也是一大威胁。在京师失陷后，明朝宗室南迁，据淮河而抗清，史称南明。在顺治皇帝亲政之始，南明正值永历政权，永历与张献忠余部大西军联合，势力大涨，挥师北上。

> 南明北满都在"秀"，只有福临在挨揍。

> 小小的身体，大大的负重。

由于清政府对形势估计错误，指挥失当，南明接连取得大捷，清定南王孔有德与亲王尼堪皆战亡。顺治皇帝不得不派出吴三桂南下作战。这场战乱跨度数年，直到顺治皇帝驾崩，南明都没有完全灭亡。而郑氏、罗刹等势力也在虎视眈眈，顺治皇帝离真正的统一，还有很长的路要走。

而想要解决诸多麻烦还有个巨大的限制——钱。从流向来看，清初军费负担极重；而从源头来看，战乱和天灾又使得地方缴不上税。如果说顺治皇帝是一位目光短浅的帝王，那么他也许会增加赋税，解决财政危机。但顺治皇帝清楚地知道，增税无异于杀鸡取卵，不仅不利于经济恢复，还可能导致更大的动荡。

因此，顺治皇帝不仅没有增加赋税，反而免去多地贡品，并对受灾地区多次减免赋税。而为了解决财务难题，顺治皇帝不得不叫停部分宫殿修整，减少官员俸禄，裁撤冗员，降低地方存留银，用这些缩减开支的办法补充国库。

为了解燃眉之急，顺治一朝也出现了捐官等现象，这为清朝后来的卖官鬻爵埋下了伏笔。国库空虚的问题，伴随了顺治皇帝的一生。这一切或明智或昏聩的措施，都反映了顺治皇帝当时的拮据和焦虑。

> 我一个皇帝，居然被钱给愁得脱发了！

> 皇上别愁，脱发一点也看不出来。

而这一切焦虑和危机，都压缩在短短十年中。顺治皇帝亲政直至去世的这段时间，他一直处于窘迫、两面为难的境地里，巨大的压力击垮了他的身体，本就多愁善感的他变得消瘦，长期失眠，他甚至断言自己活不过 40 岁。

> 我活 30 岁说不定可以，40 岁是不可能了。

> 善哉、善哉。

顺治皇帝　　道忞禅师

何人解我忧

在疾病与压力的双重折磨下,顺治皇帝不得不寻求慰藉。一开始,这个慰藉名为"汤若望"。顺治皇帝将传教士汤若望当成人生导师,封其为"通玄教师",遇到大事常常与汤若望商议。但由于文化差异和环境因素,顺治皇帝注定无法信仰天主教。在和尚与宦官的影响下,顺治皇帝的精神寄托逐渐转为佛教。

> 不知道为什么,突然有点悟了。

从顺治十四年(1657年)开始,佛教与和尚就成了顺治皇帝的关键词。其中,道忞、玉林通琇和茚溪行森和尚,都得到了顺治皇帝的信任与尊敬。在这些和尚的影响下,顺治皇帝认定自己上辈子就是个大和尚,去一趟禅房,就跟回家一样快乐。

> 没有奏折的地方就是家！

然而，向往归向往，顺治皇帝并不是真的四大皆空，据传，在他的生命中，一个女人给了他更切身的慰藉，那就是董鄂妃。根据汤若望的回忆，董鄂妃本为军官之妻，可顺治皇帝却对她钟情不已，甚至为了她掴该军官。该军官惶惧而死，而董鄂妃则进入后宫。

> 女人，你成功引起了我的注意。

顺治皇帝

董鄂妃

董鄂妃的晋升速度比宫斗剧大女主还快。她在顺治十三年（1656年）入宫，同年被封为贤妃，接着一个多月后又晋升为皇贵妃。顺治皇帝为她举行了盛大的册封典礼，甚至还为此大赦天下。这种殊荣，在清朝妃嫔中绝无仅有。

> 爱她，就给她升职加薪。

董鄂妃受宠并非毫无缘由，她不仅貌美如花、温婉可人，还与顺治皇帝建立了精神共鸣，每当顺治皇帝听讲归来，对董鄂妃讲起所学所得，董鄂妃都会欣喜异常，偶尔遇到顺治皇帝记不清时，她还会督促顺治皇帝巩固知识。

> 爱他，就帮他复习功课。

而对于顺治皇帝的信仰,董鄂妃也相当重视。在顺治皇帝的引导下,本不信佛的她很快便专心禅修佛法,并时常与顺治皇帝讨论佛教经典,甚至连死去的时候都"端坐呼佛号"。对于顺治皇帝而言,她不仅是一位嫔妃,更是一位灵魂伴侣。

入宫第二年,董鄂妃诞下皇子,这是顺治皇帝的第四个儿子,也是他最喜欢的儿子。顺治皇帝激动不已,称其为"皇第一子",足见他对这个儿子的偏爱。虽然自知命不久矣,但有爱妃陪伴、爱子诞生,这一年的幸福时光恍如梦境,顺治皇帝几乎以为自己在不长的生命里,终于得以拥抱温暖。

当时越是幸福，梦碎时便越是痛苦。才过了不到三个月，董鄂妃的儿子便不幸夭折，甚至连名字都来不及取。董鄂妃大受打击，忧郁之下，疾病缠身，仅仅三年不到便香消玉殒。刚尝到甜蜜，转眼间就天人永隔，这令顺治皇帝痛苦到几乎活不下去。

> 为什么你们都要离我而去？

在极度的痛苦中，顺治皇帝曾经被压抑的出家念头一发而不可收。在董鄂妃去世当年，顺治皇帝不顾太后与群臣劝阻，令茆溪行森禅师为自己剃去头发，决定正式出家。茆溪行森的师父玉林通琇听说后，要烧死为皇帝剃度的茆溪行森，顺治皇帝这才不得不放弃出家念头，茆溪行森也得以活着离开京城。

> 师父，如果我说我只是个理发师，你信吗？

茆溪行森

玉林通琇

虽然顺治皇帝最终没有出家，但是他对董鄂妃的思念日渐深沉。从他在董鄂妃死后写成的《御制董鄂后行状》来看，董鄂妃与他相处的点点滴滴，甚至一些言行细节，都被他珍藏在心，反复细数。也许在凄风冷雨之中、夜深人静之时，伴他独坐、随他入梦的，就是那已然远去的幸福回忆。

在极度的痛苦中，24岁的顺治皇帝罹患天花。董鄂妃刚刚去世才4个多月，顺治皇帝便与世长辞。驾崩前，他听从汤若望的建议，将皇位传给了有天花抗体的玄烨，也就是后来的康熙皇帝。

皇阿玛,我好像更怕了。

玄烨并非顺治皇帝最喜欢的儿子,不过这不再重要。因为他最喜欢的儿子已死在了 3 年前。

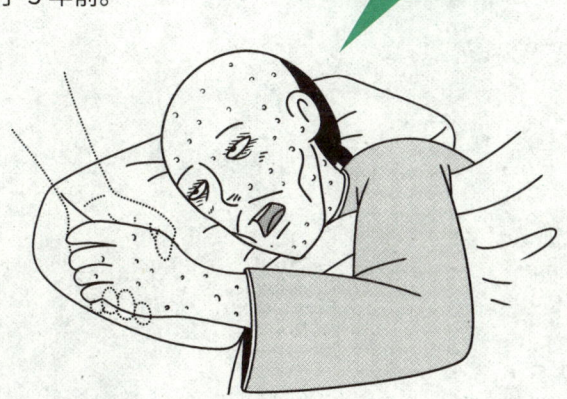

我来了。

清高宗·乾隆

诗史非妄评,良足娱朝夕

《全唐诗》有多少首？

回万岁爷，《全唐诗》一共 48900 余首。

乾隆皇帝

乾隆皇帝是我国历史上写诗最多的人，留存诗作 43000 多首。

哦，那也不少嘛！

不过，衡量一个诗人是否优秀，标准不是数量而是质量。乾隆皇帝没有一首垂范后世的代表作，且喜欢在各种画卷、瓷器上题诗，这些诗又散发着"老干体"的气息，以至于后世多说乾隆皇帝的诗一般。

乾隆皇帝的诗歌水平真的那么普通吗？

官汝称名品，新瓶制更嘉。
随行供啸咏，沿路撷芳华。
挂壁轻车称，推处野卉斜。
红尘安得近，香颖度乾隆。

《咏桂瓶》

小爱提问

这个问题比较复杂，我们从乾隆皇帝早期的诗歌说起。

青少年时期：诗为心声

乾隆皇帝生于康熙五十年（1711年）八月十三日，小名"元寿"，在乾隆皇帝童年时期，他的老爹雍正找了不少饱学之士教他经史文艺。乾隆皇帝25岁继位称帝以前，曾写过千余首诗，这些诗后来收录进了《乐善堂全集》。

我们翻看《乐善堂全集》，抽取几首诗，来看看乾隆皇帝的诗歌水平如何。第一首是乐府古题《陌上桑》。

高高陌上桑，桑叶初染绿。
郎在姑苏城，妾在大堤曲。
相隔迢迢如万里，大堤秋冷芙蓉紫。
风光春去复秋来，可怜郎心不可恃。
郎心风中烛，妾志水中石。
愿作白马逐君行，天宇寥寥见无迹。

唐代诗人·李贺:有我的《大堤曲》。

宋代词人·李之仪:也有我的《卜算子》。

南梁诗人·徐陵:还有《孔雀东南飞》。

《陌上桑》写的是少女对于负心郎的思念和不惜一切随郎浪迹天涯的决心。诗中化用了不少前人的意象。

该诗虽说有很深的前人印迹,但也有可取之处,古人多用"风中烛"喻人生世情,乾隆皇帝将之比作负心郎,也算有些小突破。

富察皇后:男人都是"大猪蹄子"。

这首小诗能看出少年乾隆的心性,对于飞蛾扑火般的热烈爱情十分欣赏。

第二首是古风《壮士行》。

生肉亦能啖，悲筑亦能击。
不学三军师，只学万人敌。
少小长幽州，生憎绕指柔。
今朝受君惠，明日报君仇。
易水送荆卿，秋风拉瑟声。
一去不复返，咄哉壮士行。

《壮士行》说的是高渐离送荆轲的故事，"秋风拉瑟声"这句借用了苏轼的诗句。此诗的题材和词句都比较平，不过整体还算匀称，有几分李白游侠诗的味道。

很多人都有过游侠梦，乾隆皇帝也不例外，少年时也幻想过快意恩仇哦。

十步杀一人，
千里不留行。

唐代诗人·李白

第三首是五律《新荷》。

晴暾照兰沼，
荡漾波光浅。
贴贴小绿钱，
水面八九点。
已足泛杯盘，
尚未擎青伞。
芳心不肯舒，
半为苹蒲掩。

刚冒出水面的荷叶，有几分像生绿锈的铜钱。

《新荷》写的是夏季新生之荷，与唐代诗人李群玉的《新荷》同题，"绿钱"这个意象在唐诗中很常见，一般专指青苔，乾隆将荷叶比作水面之钱，算是翻出了一些新意。

将荷花称为"芳心"，是李群玉诗中就有的。不过"芳心不肯舒，半为苹蒲掩"这句，将新生荷花的若隐若现与少女情怀的婉约可喜结合得非常自然。

女孩的心思你别猜，猜来猜去你猜不明白。

《新荷》虽是化自唐人李群玉的诗，但还算一首不错的诗。

第四首是古风《从军行》。

三边烽火照军营,十万丁男夜练兵。
但使腰间悬宝剑,丈夫何处不成名。
关山月冷夜黄昏,指日应擒吐谷浑。
谁忆楼头新少妇,一声横笛正销魂。

> 底事成功如约早,将军闻是霍嫖姚。

《从军行》比较长,因此只节录了一小部分。这首诗有唐代边塞诗的风采,展现了少年乾隆的汉唐梦。

> 多年后,乾隆皇帝写《十全记》,吹嘘他生平的"十全武功",这算是了结少年时期的心愿吗?

> 如果他知道晚清溃烂成那样……

第五首是《暮出城东门》。

> 暮出城东门,见彼耘田者。
> 伛偻畦垄间,红日正西下。
> 挥汗立片时,薰风散平野。
> 指日卜西成,筹东赛秋社。
> 还忧租税重,催迫不相假。
> 终岁事辛勤,农夫获利寡。

这首古风是仿照乐府中常见的悯农诗写的。当时身为皇子的弘历可以经常出城逛逛，与百姓有日常接触，所以有感而发，沉郁中正。

如果抹去作者的名字，大家可能会以为是杜甫写的。

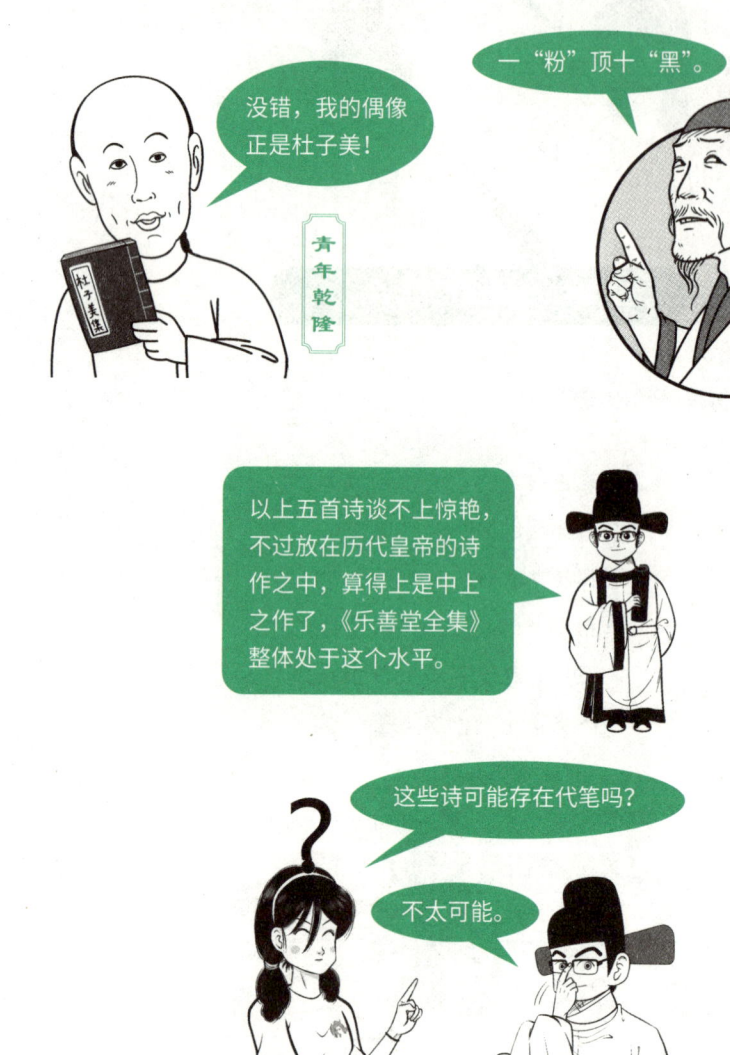

没错，我的偶像正是杜子美！

青年乾隆

一"粉"顶十"黑"。

以上五首诗谈不上惊艳，不过放在历代皇帝的诗作之中，算得上是中上之作了，《乐善堂全集》整体处于这个水平。

这些诗可能存在代笔吗？

不太可能。

登基两年后，27 岁的乾隆皇帝刻印《乐善堂全集》，写了一篇自序，其中有这么一段。

> 乾隆：老爹给了我这么重的担子，以后很少有闲心舞文弄墨了，这些诗是少年时的一些心得，舍不得抛弃。以后写的东西，有可能是词臣代笔，真假参半。

从实际情况来看，乾隆皇帝说的应该是事实。身为皇子，写诗是作业，雍正皇帝如果发现儿子的作业都是找人代笔的，可能会考虑换接班人。

> 雍正皇帝：不写作业父慈子孝，一写作业鸡飞狗跳。

乾隆皇帝

由此可见，青少年时期乾隆的诗歌还是挺可观的。如果说隋炀帝杨广、南唐后主李煜排在第一队列，那么乾隆皇帝可以排到第二队列。

> 亡国之君多文青。

> 没错！

隋炀帝·杨广

南唐后主·李煜

登基以后乾隆皇帝却在"老干体"上越走越远。

乾隆皇帝即位后就不一样了，自己当"领导"后，文章大多交给"秘书"写。乾隆皇帝此后的诗，一小半是自己写的，另一大半多是"老秘书"沈德潜写的。

> 君恩稠叠，不知何以报称。

沈德潜

这些诗，我们分几个方面来说。

一、数量

总共有 43000 多首，刻印了 6 个集子。
平均每天要写 2 首，质量可想而知。

唐代诗人·贾岛

这哪是写诗，这简直就是在"灌水"。

注：贾岛《题诗后》：二句三年得，一吟双泪流。

二、内容

乾隆皇帝登基以后的诗,内容无所不包,可以说是万事皆可"诗"。

乾隆诗歌类型表

类型	例子
鉴赏诗	《咏挂瓶》《戏题渔乐图》
写意诗	《秋日圆明园即景》《初晴晚照》
山水诗	《登盘山口号》《少林寺作》
天气诗	《腊八日雪》《夜雨》
感怀诗	《桃源耕者》《村行》
政务诗	《赐蒙古诸王公等宴》《阅高堰工有作》
军务诗	《福康安奏报攻克斗六门诗以志事》
修典诗	《〈明史纲目〉书成有述》
悼亡诗	《孝贤皇后陵酹酒》
咏史诗	《题史可法像》《经岳武穆祠》

从上表可以看出,乾隆皇帝即位以后的诗,主要功能是记事。

> 这哪是叙事诗啊,这分明是用分行的形式写日记。

宋代学者·郭茂倩

注:郭茂倩编有《乐府诗集》,收录《孔雀东南飞》《木兰辞》等著名叙事诗。

三、风格

乾隆皇帝的诗风格明显,像现在的"老干体"。内容上以反映国家大事为主,但对底层又缺乏深切关怀;形式上对诗词格律不太讲究,语言也多直白。

乾隆皇帝登基以后的诗大多是这样的，只是在清朝不叫"老干体"，叫"高宗体"，特点是诗歌散文化。"高宗体"引起翰苑词臣竞相效仿，但对乾嘉诗坛整体诗风没有产生什么影响。

试举乾隆皇帝一首写土尔扈特东归的诗为例：土尔扈特战胜了难以想象的艰难困苦，承受了极大的族群牺牲，才实现了东归壮举，如此可歌可泣的篇章让他写成这样。

《伊犁将军奏土尔扈特汗渥巴锡率全部归顺诗事》
土尔扈特部，昔汗阿玉奇。
今来渥巴锡，明背俄罗斯。

四、价值

乾隆皇帝的诗文学价值一般，但某些诗具有一定的史料价值。试举《观莲所》"其二"为例。

濯清偏称过秋霖，廿二年前未解吟。
一段横塘烟雨意，好教他日验斯今。

承德避暑山庄观莲所

这首诗是乾隆六年（1741年），乾隆皇帝第一次北巡塞外，驻扎在承德避暑山庄时写的。诗的韵味、用典都很平，看似一首很普通的即景诗，却藏了一段史实。

深藏不露

22年前，7岁的弘历在观莲所观赏荷花，在祖父康熙皇帝面前背诵《爱莲说》，得到了康熙皇帝的赞赏。这种赞赏是出于天伦之情，还是有选接班人的意思，充满了"烟雨意"。

> 予独爱莲之出淤泥而不染，濯清涟而不妖……

> 乖孙子。

弘历

康熙皇帝

这首诗所藏的事件，可以和《清实录》互相印证，这就是历史学者陈寅恪所说的"以诗证史"。但著名学者钱锺书估计不喜欢，他在《谈艺录》中就批评过乾隆皇帝的诗。

> 语助拖沓。

钱锺书

乾隆皇帝 25 岁以后的诗，可以说是用诗的形式写的日记，每天记两件事。对于他来说，写得怎么样已经不重要了，重要的是记下了这些事。

诗史非妄评，良足娱朝夕。

乾隆皇帝

少年情怀总是诗，中年心事浑似酒。

人到中年以后，会比年少时拥有得更多，甚至一些不该有的也都有了，唯独没有诗。